U0670077

如何管
员工才会听
怎么带
员工才愿干

张士东/著

煤炭工业出版社

·北　京·

图书在版编目（CIP）数据

如何管员工才会听　怎么带员工才愿干/张士东著.
－－北京：煤炭工业出版社，2018
ISBN 978－7－5020－6209－5

Ⅰ.①如…　Ⅱ.①张…　Ⅲ.①企业管理　Ⅳ.
①F272

中国版本图书馆 CIP 数据核字（2017）第 255759 号

如何管员工才会听　怎么带员工才愿干

著　　者　张士东
责任编辑　刘少辉
封面设计　朝圣设计·阿正

出版发行　煤炭工业出版社（北京市朝阳区芍药居 35 号　100029）
电　　话　010－84657898（总编室）
　　　　　010－64018321（发行部）　010－84657880（读者服务部）
电子信箱　cciph612@126.com
网　　址　www.cciph.com.cn
印　　刷　北京亚通印刷有限责任公司
经　　销　全国新华书店

开　　本　710mm×1000mm¹/₁₆　印张　16　字数　240 千字
版　　次　2018 年 1 月第 1 版　2018 年 1 月第 1 次印刷
社内编号　9089　　　　　　　　定价　39.80 元

版权所有　违者必究

本书如有缺页、倒页、脱页等质量问题,本社负责调换,电话:010－84657880

前　言

　　有一天，动物园管理员发现一只袋鼠从笼子里跑了出来，就开会讨论，最终大家一致认为是笼子的高度过低，于是他们决定将笼子从10米的高度加高一倍。结果，第二天管理员发现又有一只袋鼠从里面跑了出来，他们觉得还是高度不够，于是又决定将高度再加高一倍。没想到第三天还是有袋鼠跑了出来，而且还比之前又多了几只，管理员开始慌了，最后决定一不做二不休，将笼子的高度增加到100米。

　　"你们看，这些人会不会再继续加高你们的笼子？"长颈鹿问道。

　　"很难说，"袋鼠回答道，"如果他们再继续忘记关门的话！"

　　找不到关键，即使再加高笼子也是徒劳！这就跟管理如出一辙。作为管理者，也许你也制定了规章制度，给员工提供了好的工作场地，优厚的待遇，但是结果却不理想：你交代任务，下属漫不经心，敷衍了事；你说一句，后边的员工顶你三句；你一个人忙得焦头烂额，员工却逍遥自在……之所以会出现这样的境况，跟管理水平有很大关系。

　　同样的环境、同样的员工、同样的设备，如果管理方式不同，企业的前景也会大不相同。管理对于一个企业的发展相当重要，管理是发展的动力，一切效益来自管理，没有管理就没有企业的发展，没有管理就没有效益。那么如何管才能让人心服口服，让员工忠诚，整齐划一？如何管才能焕发员工的主观能动性，让其自动自发？如何管才能让员工听从指挥，让其具有团队合作意识、高效执行，继而成为召之能战战之能胜的强大团队呢？

《如何管员工才会听 怎么带员工才愿干》一书会告诉你全部答案！本书从自我管理、识贤用人、仁爱管理、沟通激励、赋权授权、人性人情等多方面讲述管理技巧，大家可以根据自己遇到的具体问题，选择合适的管理方式和策略来管好下属，带好下属。

不懂管理，就树立不了威信，下属就不愿意服从。不懂得带队伍，组织就没有效率，团队就没有战斗力，企业也就没有傲人的成绩。阅读本书你会知道——

以身作则，就是领导者的领导力，要经营和管理好一个企业，需要具备多方面的能力，但最基本的一条是树立榜样，凭表率服众。你希望员工如何做，做到什么程度，你应当先给他们做一个示范；

严是带兵之道，情是带兵之本，爱出者爱返，福往者福来，管理需要真情，给人以爱，赐人以福，而最终爱心和福祉又都会回到自己身边；

对于绝大多数人来说，投桃报李是人之常情，管理者用感情来打动员工，得到的回报就更强烈、更深沉、更长久，往往能得到金钱所不能达到的效果……

管理是人世间最高的学问。任何一个组织要有好的效益，就必须有相应的好的管理。否则，企业将寸步难行，甚至会濒临出局的危险。所以，每一个领导者和管理者都应该多学习，掌握企业管理之道。

作 者

2017.9

目 录

第七章　通晓人情，带出高效团队

第八章　因人而异，才能管出成效

第十一章　人人参与，铸造超强战斗力

第十二章　刚柔并济，提升支持度

第一章

垂先示范，修己才能安人

以身作则，就是领导力

身为领导者，不仅要会作报告，口若悬河，在言辞上折服下属，更重要的是能够作出表率，以身作则，严于律己，用行动感化下属。

"其身正，不令而行；其身不正，虽令不从"，意思是说，只要自己的行为端正，就算不下任何命令，部下也会自觉去干；如果自己的行为不端正，那么无论制定什么政策规章，部下也不会遵从执行。从这个角度来说，以身作则是最有效的管理之道。

作为一个团队的中心，其一言一行都会受到团队成员的关注，也会对员工造成影响。所以，要想让员工听从你，心甘情愿地追随你，首先就要懂得"正其身"。

玛丽·凯是当今世界上著名的女企业家，她非常重视管理者在员工中的榜样作用。她说："管理者的行为受到其工作部门员工的关注。下属往往模仿部门负责人的工作习惯和行为，而不管其工作习惯和行为的好坏。例如，我习惯在下班前把办公桌清理一下，把没干完的工作装进包里带回家，坚持当天的事当天做完。尽管我从未要求过我的助手和秘书也这样做，但是她们现在每天下班时，也常提着包回家。假如一个经理经常迟到，工作散漫松懈，上班期间打私人电话，经常因喝咖啡而中断工作，那么，他的部下大概也会如法炮制。"

管理者只有带好头、树好榜样，才能赢得下属的信任与追随，这是任何法定权力都无法比拟的一种强大的影响力和号召力。管理者职位越高，就越应重视给人留下好的印象，因为你总是处于众目睽睽之下。

能以身作则的人浑身都闪耀着一种人格魅力，会有形或无形、有意或无意地感染他人。正人先正己，做事先做人。因此，领导者无论职务多高、权力多大、资历多深，都应该在要求别人做到之前自己先做到，这样才能树立起威望，增强执行力。

如果管理者不能严于律己，却又对员工要求严格，员工自然不会服从。作为引领者，要扮演好带队者的角色。有人说，带队者就应有"平常时候看得出来，关键时刻站得出来，生死关头豁得出去"的素养。"平常时候，看得出来"，是个人素质、潜在能力和品质的体现；"关键时刻站得出来"，是勇气、原则和实力的展现；"生死关头豁得出去"，是一种勇于奉献和敢于牺牲的精神。很多人在关键时刻丧失领导力的原因就是：要求下属"照我说的做"，而不是"照我做的去做"！在关键时刻不能坚持原则，更没有勇气和实力站出来，也就是不敢说"看我的"！

事实上，任何一个引领者的行为，都会影响他的追随者和身边的每一个人。追随者会通过一种被称为"示范"的学习过程而受到影响。这种影响在平时是潜移默化的，也许不会被清醒地认识到，可在关键时刻却是非常强烈的。

1942年，"二战"进行得如火如荼。随着战争局势的变化，盟军与德军的战场逐渐转移到北非。盟军最优秀的将领之一巴顿将军意识到自己的部队可能无法适应北非酷热的气候。一旦移师北非，盟军士兵的战斗力就有可能随着酷热的天气而减弱。

战争不会随着人的意志而转移，摆在盟军面前的只有一条路，那就是适应。为了让部队尽早适应战场变化，巴顿建立了一个类似北非沙漠环境的训练基地，让士兵们在48摄氏度的高温下每天跑一英里，而且只给他们配备一壶水。巴顿的训练演说词就是："战争就是杀人，你们必须杀死敌人，否则他们就会杀死你们！如果你们在平时流出一品脱的汗水，那么战时你们就会少流一加仑的鲜血。"

虽然人人都意识到战争的残酷性，但酷热的天气还是让许多士兵暗地里抱怨不已。巴顿从不为训练解释，他以身作则，和士兵们一样在酷热的环境中坚持训练。当士兵们看到巴顿每次都毫不犹豫地钻进闷罐头一样的坦克车中时，再多的怨言也只能变成服从。

显然，巴顿把自己当做是普通的一个士兵，在这个角色上，他以完美的职业军人精神树立了典范，起到了榜样作用。在巴顿的带头作用之下，整个军队的训练进行得非常顺利。正是有了这样的训练，在随后的北非战场上，巴顿的部队迅速适应了沙漠环境，以较小的代价一举击败德军，取得重大胜利。

作为一个领导者，也应该像巴顿将军一样，只有成为具有强大影响力的带队者，才能促进团队成长。一个懒懒散散的管理者，其下属也不会勤快到哪里去！领导者应该考虑到自身的榜样作用，注意自身的一言一行。

以身作则，就是领导者的领导力。领导者要经营和管理好一个企业，需要具备多方面的能力，但最基本的一条则是树立榜样，凭表率服众。你希望员工如何做，做到什么程度，你应当先给他们做一个示范。

振臂一呼，应者云集的领导力绝不是领导职位本身能赋予的，没有追随者的领导者剩下的只是职权威慑的空壳。因此，领导者必须以身作则，养成良好的工作习惯和道德修养，唯此，才能获得更多的追随者，获得更多更优秀的人才，凭此成就大事业。

承担责任，与员工共进退

企业在运营过程中，总会出现失误与过错，管理者对待此类事情的态度往往决定了企业员工的态度。犯错与失职并不可怕，可怕的是否认和掩饰错误。勇于承担责任，与员工共进退的管理者，会让员工觉得你是一位心胸坦荡、有责任心的人。因为责任而树立起的威信更能让员工信服，从而赢得员工的尊重和支持，否认和掩饰只会一错再错，失去员工的信任。

戴尔公司的老板迈克·戴尔是一位勇于承担责任、能主动承认错误的领导。从2001年开始，戴尔公司开始实行年度总评计划。每位戴尔的员工都可以向他的上级、部门经理甚至是迈克·戴尔本人提出意见，指出他们的错误所在。

第一次员工总评过后，迈克·戴尔得到的评价是"过于冷淡"。对此，戴尔本人当着手下众多员工的面承认了自己的问题："我个人太腼腆，显得有些冷淡，让人觉得不可接近，这是我的失误。在这里我对大家作出承诺，在以后的日子里，我会尽最大努力，改善与所有员工的关系。"

这件事情在后来被人提及："戴尔先生，你不担心员工提出的问题是你根本不存在的吗？"迈克·戴尔微笑着回答："戴尔公司最重要的一条准则是责任感。我们不需要过多的借口，只要拥有高度的责任感就行，在戴尔公司你绝对不会听到各类推诿之词。"

戴尔本人的公开表态，在公司内部引起巨大反响。公司的员工们都认为："老总都这么勇于承担'莫须有'的责任，我们还有什么理由不向他学习呢？"因而，"承担责任，不找借口"的风气迅速在戴尔公司内部形成，这也使得戴尔公司迅速拥有了强大的竞争力。

作为企业的管理者，能否主动承担责任，体现了管理者的品格和气度。管理者不仅应该在有任务的时候勇挑重担，更要在出错的时候率先承担责任，把失误、失败的责任也放在自己肩头。

李嘉诚的看法更直接：员工的错误就是管理者的错误。李嘉诚是一个非常宽厚的商人，十分体谅部下的难处。

多年的经商经验让他懂得，经营企业并不简单，犯错是常有的事情，所以只要在工作上出现错误，李嘉诚就会带头检讨，把责任全部揽在自己身上，尽量不让部下陷于失败的阴影。他时常说："下属犯错误，领导者要承担主要责任，甚至是全部的责任，员工的错误就是公司的错误，也就是领导者的错误。"

李嘉诚的诚恳态度令人敬佩，他勇于承担责任，不找借口推脱的习惯，还要从小时候在舅舅家打工的经历说起。

当时，初到香港的李嘉诚，在舅舅家的钟表公司工作。他非常好强，不愿落在别人后面，做事情总是想着如何超越他人。自从加入钟表公司，李嘉诚非常勤奋，在别人休息时，他也在学习如何修理钟表。为了尽快提高自己的技艺，李嘉诚还专门拜了一个师傅，遇到不懂的问题就去请教师傅。师傅觉得李嘉诚非常聪明，而且又如此好学，也很愿意教他。

有一次，师傅因为被派到外面去工作，李嘉诚便自作主张地开始自己动手修手表。但由于欠缺经验，不但没有修好，反而还把手表给弄坏了。李嘉诚知道自己这下闯了大祸，他不但赔不起手表，还有可能丢掉这份工作。

然而当师傅回来发现李嘉诚把手表弄坏后，却没有骂他，只是轻描淡写地告诉他下次不要再犯类似的错误。同时，师傅主动找到李嘉诚的舅舅，解释说是因为自己一时疏忽不小心把手表掉在地上，要求给予处分。师傅绝口不提李嘉诚修表的事情，这事使李嘉诚深有感触。

本来是自己的错误却让师傅承担下来，李嘉诚觉得过意不去，于是就向师傅道谢。结果师傅告诉他："你要记住，无论以后做什么工作，作为领导者就应该为自己的下属承担责任，部下的错就是领导者的错，领导者就应该负起这个责任。否则，就不配当领导。"

尽管当时的李嘉诚年纪很小，不能完全领会师傅的意思，但是这句话却如同烙印一样深深地印在他的脑海里——主动为部下承担过失的领导者，才是一个好领导者。

在出了问题的时候，管理者主动承担责任而不是逃避、推诿，不但可以稳定军心、保持士气，还有助于找到症结、解决问题。即使承担了一时难以辨明或与自己无关的责任，也不要紧，这样既可以彰显品格、凝聚人心，又可以在事情水落石出后，赢得员工的敬重。

不找借口，能够勇于承担责任的管理者，展现的是一种高风亮节与光明磊落，不仅能让上司器重，更能增加威望，令下属更钦佩、服从。

用业绩树威，赢取下属追从

在任何一个团体中，总会有某一个人来充当着核心的角色，他的言行能够被团体认可，并指引着团体的某一些决策和行动。我们可以把这种人所具备的人格魅力称为"领袖气质"。具有"领袖气质"的人一般都具备较强的业务能力。如果一个领导者懦弱无能，那么，无论他怎样努力也是不可能让人信服的。领导者要想在组织中占有一席之地，就必须有所作为。

领导者要赢得下属的认同和追随应当遵循一条原则，那就是靠骄人的业绩为自己树立威望。骄人的业绩可以改变追随者对领导者的认识，使他们看到领导者的才能、力量、意志和韧性，从而使领导者的威望和领袖气质大大增强。

"二战"期间，蒙哥马利受命前往开罗，接任英国北非集团军第8集团军司令。当时，英国军队在北非战场上被"沙漠之狐"隆美尔打得节节败退，人员伤亡较大，士气不振。

为了使全体官兵恢复对高级指挥官的信心，使部队以高昂的士气投入未来的严峻战斗，蒙哥马利决定在英军发动攻势以前，按自己的想法打一次仗，而且必须战果辉煌。他准确地判断隆美尔一定会发动进攻，并从情报中预测出敌人的进攻方向。他以这个预测为基础制定了作战计划，为非洲军团设置了一个陷阱，最终使隆美尔的进攻只落得个搬起石头砸自己脚的结局。此战的胜利，使第8集团军的士气得到提高，消除了疑虑不安的情绪，官兵的信心也与日俱增。

这次成功极大地提高了蒙哥马利在第8集团军中的威望，以此为起点，蒙哥马利率第8集团军在北非战场取得辉煌成就，并最终赢得胜利。

蒙哥马利的成功提高了他的威望，帮他赢得了更多人的相信和支持。这是因为，下属们相信蒙哥马利有能力带领自己在未来的战争中赢得一场又一场的胜利，所以他能获取属下的支持，激发大家的士气，进而取得胜利。

成功的业绩之所以特别重要，是因为它是魅力领导者具备非凡能力的最充分、最有力的证明。业绩是领袖气质的源泉。连续的成功和成就，可以让领导者获得较高的美誉度，从而获得更大的权威和个人魅力。领导者的权威和领导魅力是在不断的实践中建立和提高的。领导者要赢得下属的追随，就应当注意靠业绩树威，不断在实践中建立自己的威望，靠成就提高自己在下属中的影响力。

俗话说得好，不要听一个人所说的，应当看一个人所做的。职场中，业绩是检验优劣的标准，是证明能力的尺度，更是取得个人魅力，从而获得忠实追随者的重要因素。领导者要表现出与众不同来，首要的因素是其过去所创造的不凡业绩，最起码也应给人以曾经辉煌过的印象。很多被视为有魅力的领导者，我们都会发现他们在成为魅力领导人之前，已经有过辉煌的业绩。如，李·艾科卡在到克莱斯勒公司之前，就已经在福特汽车公司有过成功的历史；阿尔奇·麦吉尔在进入美国电报电话公司之前就已经是 IBM 公司最年轻的副总裁……

在这个以业绩为主要竞争力的时代，没有能力改善公司业绩，或者不能出色地完成本职工作的人，是不可能将人心聚拢在自己周围的。所以不管你在公司的地位如何，不管你外貌如何，不管你的学历如何，想在公司里成长、发展，得到更多人的支持，就需要用业绩来保证自己的梦想得以实现。

心底无私，员工自跟随

一次，董明珠听说公司账册上的应收款高达五千多万元，但是相当部分竟然没办法追回。她找到账册仔细对比，发现济南一家企业明明欠账 100 多万元，可格力电器竟然拿不出任何有效凭证。而且，很奇怪的是，无法查出是内部谁的责任。这让董明珠心里十分窝火。

公司花了 450 万元在机场租了一个广告牌，结果却是广告牌背朝着人流方向，董明珠气愤地说：那只能做给神仙看！在市面上，一张广告宣传单的市场价是 0.2 元，可格力电器支付的价格是 0.88 元……

对于以上这些损公肥私、不负责任的行为，董明珠眼里揉不进沙子，她径自跑到朱江洪总经理那里，张嘴就要求把全部对外财务都归自己管。董明珠当然知道下级向上级伸手要权这件事有悖常理，所以她说道："大家随时可以监督，我提两个建议，第一，我只管钱的进，货的出，不管用钱，这样只有好处，没有坏处；第二，财务也可以不归我管，但是每天经销商的进出款必须要让财务部门随时通知经营部。"

董明珠的要求十分坦荡，朱江洪总经理当场就表示同意，划出一部分的财权归董明珠管理。但还是有一些人觉得董明珠太"多管闲事"，妨碍了自己的"财路"，便给她取了个"走过的路都不长草"的"恶名"。

然而，这才是她与世俗势力斗争的开始。在规章制度的大旗下，"走过的路都不长草"的董明珠不断和内部腐败势力作斗争，和公司里有来头的"母老虎"斗，和不诚信的经销商斗，甚至还要和自己的亲人斗。

一天，一个不是格力的经销商想从格力拿货，可是没有路子，刚好他认识董明珠的哥哥。于是就找到他，承诺如果事情办成，会给他哥哥 2% 的提成。这是一个不小的数目，他哥哥答应了。

董明珠接到哥哥的电话后却犹豫了，要知道帮哥哥这个忙，对身为部长的她很容易，只是一句话的问题，而且没有违背公司的制度。但是董明珠最后拒绝了哥哥的请求。因为，她如果为亲人谋利益就会伤害到其他的经销商、合作伙伴的利益，公平性就会出现偏差，如果这股风气蔓延的话，格力这个牌子就会受到污染。

董明珠的拒绝伤了哥哥的心，他不再和妹妹来往，但是董明珠即使到现在，依然不后悔，她这样做是值得的："我把哥哥拒之门外，虽然得罪了他，但我没有得罪经销商。"不过，董明珠也多次对媒体说："当我退休的时候，如果我的哥哥还能理解我的话，那我还认他这个哥。"

一个人真正的影响力和吸引力，不是指身体的健壮，而是表现为精神上的力量。作为领导者，董明珠主要体现在具有强大的领导影响力。领导者不能做不符合礼仪的事。一切行为都要严格符合原则，这才能强壮有力。只有这样才能成为他人的榜样，才能在团队成员中建立起崇高的威信。

为了树立自己负责、公正的形象，引领者必须保持高度警惕，在团队领导上多做周全考虑。例如，每当做出一项重大决策时，不妨扪心自问，是否有私情的成分包含在里面？是否符合团队内大多数人的利益？是否为了工作效益最大化？是否能够获得团队成员的一致认同？把这些问题想清楚了，任何决定都不会引来指责与非议。

"心底无私天地宽"，这是领导者重要的品质表现。领导者具有巨大的影响力，事业才会有顺利、成功的保障。而这影响力正是来源于正气、正义和正派的作风。

打造影响力，让自己成为核心

一个优秀的团队引领者，往往有一种无与伦比的影响力，仿佛他们是"老鼠群的奶酪"，让追随者趋之若鹜。拿破仑发动百日政变，不发一枪一弹夺回了法国。这在别人看来是不可思议的事情，可拿破仑却做到了，原因就在于他在士兵中享有崇高的威望，让人们心甘情愿听他的号令，可以说拿破仑就是众多士兵渴望的"奶酪"。实际上，一个富有魅力和威望的管理者，会自然成为一群人的核心与灵魂，员工会自然而然地团结在其周围。

要想成就"老鼠群的奶酪"，树立自己的影响力，在很大程度上取决于自身的良好素质，包括资历、业务水平、品格、知识、才能和情感等诸多方面。如果是领导者，尤其要注重提升自己的无形影响力。

松下电器的创始人松下幸之助批评下属是很出名的，但他批评下属有一个特点，他会边批评边讲出自己的道理，让下属虽然挨了批评，却都心服口服。以理服人是松下赢得下属尊重和信任的重要原因。

有近重信刚进入松下电器后被分到电池厂，按规定生产技术人员必须到第一线实习，他就整天跟黑铅锰粉打交道，浑身黑乎乎的。一天，松下来电池厂巡视。有近重信见门外进来一个穿礼服的绅士，立即跑过去把他拦住，问道："请问你有公司开的参观证吗？"

松下说："没有。"

有近重信把双臂一伸，拦住了松下，并且毫不客气地说道："那就对不起，不能进去。"

"我是……"

"你是天王老子都不许进！"不等松下说完，有近就打断了他要说的话。

有近重信接着又说："我们老板松下先生有规定，没有公司的参观证，任何人都不得进来！"

松下没有生气，叫来了厂长后才进去。松下见了厂长井植薰说："你们员工中有个很固执的家伙，大概是新来的吧，死活不让我进来，真是个很有特点的人。"

这件事给松下的印象很深，他认为有近是个可造之才，原则性很强。所以井植薰每次去汇报工作，松下都很关注有近的情况。

不久，电池厂盖成品仓库，由于松下的坚持，决定采用木结构。井植薰把设计任务交给有近，有近说："我是学电子的。"井植薰说："我是做操作工的，现在不是在做厂长吗？"

有近经过计算，需增加四根柱子才能达到安全系数，其他的就没有多作考虑。仓库落成那天，松下见中间竖有四根柱子，大为不满，先把井植薰批评了一通，然后又把有近叫了进去。被训斥了整整9个小时，从下午三四点，到深夜12点，连晚饭都没吃。

刚开始有近的心里不服，可到后来，有近终于明白了松下的意思是，他不知道要立柱子才坚持用木结构的，而有近明知要立柱子却不敢坚持钢筋结构。井植薰自己不懂，才找有近来帮忙，而有近明知不好，却偏偏要这么设计，这才是让松下恼火的原因。

松下不仅对普通的下属如此，就是对公司的管理人员，也会让他们明白道理，从而让大家心服口服。正是这种以理服人的行为让松下在平时工作和生活中一点一滴地建立起自己独特的影响力，这种影响力让他们心服口服地跟随松下，松下就这样成为了自己员工的"奶酪"。

人与人的交往，常常是影响力之间的较量。不是你影响他，就是他影响你，只有影响力大的人才有可能成为强者，才有可能成功。在任何一个团体中，总会有某一个人来充当着核心的角色，他的言行能够被团体认可，并指引着团体的某一些决策和行动。假如一个人知识超群、经验丰富、能力突出，或者关心下属、处事民主、实事求是、令人佩服，那么他在周围的人群中就有一种实际上的影响力和支配力，人们都心甘情愿跟随和听从他。因此，如何塑造个人影响力，如何通过个人影响力来让自己成为赢家，是成功者必须修炼的课程之一。

分享权力，共享荣誉

一位成功的企业家说："如果最高领导者从来都不让他的员工分享权力，分享成功、荣誉，而是把功劳全往自己身上堆，那谁还会跟着他干呢？除非是傻瓜。"

美国零售大王山姆·沃尔顿在总结自己的成功时说："和帮助过你的人一起分享成功是我成功的秘诀。"山姆·沃尔顿认为，与所有员工伙伴共享利润是以合作伙伴的方式在对待他们，公司和经理通过这种方式，改变了与员工伙伴之间那种特定的关系，使得这些员工伙伴在与供应商、顾客和经理的互动关系中开始表现得像个合作伙伴。而合作伙伴是被赋予权力的一类人，所以员工伙伴会觉得自己也被赋予了权力，从而以更加认真和积极的态度来看待自己肩上的责任。山姆·沃尔顿说："让员工伙伴完全参与到公司中来，从而成功地给他们灌输了一种自豪感，使他们积极参加到目标确立和实现并最终赢得零售胜利的过程中来。"通过与所有员工伙伴共享利润以及赋予他们在工作岗位上的权力，山姆赢得了员工伙伴极大的忠诚，这也是他创办的沃尔玛如此成功的重要原因。

新东方总裁俞敏洪有个著名的糖纸理论，这一理论有一个典故：小的时候，家里很穷，有一次俞敏洪得到两颗水果糖，可是这时来了两个小伙伴，他把糖剥开给了他们两个，自己舔糖纸。后来这两个小伙伴都成为他儿时的追随者。

这种分享思想让俞敏洪结交到很多朋友。长大后，俞敏洪更是意识到了糖纸理论的重要性。他曾和学员们分享他在这方面的心得：

如果你是在团体里工作，你就必须遵守在一个团体里做人的道理。因为人是群体性的动物，所以必须学会在人群中生活。不管你的个性多么古怪，只要你选择了在办公室上班，在一群人中间工作，你人际关系的好坏就决定了你在一个地方的地位和威望。

糖纸理论的核心在于"分享"，共享胜利果实，甚至有时候宁愿自己吃一点亏。在生活中，我们可能都有类似的体验，那些愿意与人分享的人都能够得到他人的帮助，他人也会在分享者失意时给予帮助，这才是最高明的管理之道。

一位获得上级表扬的厂长在全厂大会上讲话，他不是泛泛地说"成绩是归于大家的"之类的套话，而是颇有感情地把所有在工作中有突出贡献的员工的事迹一件件列举出来，连一位员工休假提前上班的事也提到了。最后，他说："荣誉是全厂员工的，没有你们的努力，就没有今天。"并且向大家表示深深的谢意。

可以肯定地说，厂长的话起到了巨大的影响作用。试想，如果这位厂长将光环紧紧地罩在自己头上，将一切成绩归为己有，不但容易树立对立面，而且也会使员工失去继续努力的积极性。与下属共享荣誉，而不是争功抢赏，可以用自己的人格力量感召下属，鞭策和激励他们，调动员工的积极性，让他们最大限度地发挥出自己的才智，这不是最有成效的管理吗？

不愿舍、只想得到的人是自私的。没人愿意与这样的人一同共事，若想成为管理高手，让员工追随你，首先你要学会与他人进行分享，只有分享才能更好地合作。假如团队领导者是个喜欢独占功劳的人，相信他的员工也不会怎样为他卖力。反之，如果团队领导者能乐于和员工分享成功的荣耀，员工做事就会分外卖力，希望下次也一样成功。例如，不少主管拿到上级奖金后，请贡献大的中层干部、骨干员工到饭店"撮"一顿，实际上这也是用共享荣誉管理下属的一个技巧，这不仅是物质上的，更是精神上的鼓励。

别让自己的感情影响了公正

作为领导者，处事公平公正在一个企业中是非常重要的，尤其是公平的奖惩原则，会让每一个员工都看到领导是以同一把标尺来衡量所有人，不会因为某个人的背景或者感情关系导致不公平的对待。如果员工都认为自己如何努力也只能默默做一个员工，而身边的某人可以只凭借关系，便得到升职加薪，这种不公平的现象定然会影响员工的干劲，所以保持公正公平是激励员工的有效手段。

很多大公司在进行新员工培训的时候都会告诉他们："你们的机会是均等的，每一个人都可能成为新的领导者。"在这种公平的环境中，员工知道自己与其他任何人的成功机会都是均等的，因此他们会更加努力工作以成就自己。对员工来说，能不能得到公平的机会，这才是能否有更高工作激情的原因。

吴士宏是 IT 界的知名人士，非常有名。她之所以引人注目有这样两个方面的原因：首先，她是一位女性；其次，更突出的是她最初的专业素质不太好，而她后来却成为一名最高层的中层执行者，这很令人佩服。

她原来是个护士，中专毕业。她是一个不甘心受命运摆布的人，在当护士的时候自学了一些英语口语，能够用英语说几句话。但她有一颗进取心，一心想进大公司工作，恰逢 IBM 招聘清洁工，为了进入这家公司，她毅然地去应聘了清洁工。成为 IBM 的清洁工之后，她踏踏实实地工作，非常努力，很快受到了大家一致的好评，大家都说："咱们这个清洁工真勤快，别人不干的活她都帮人家干。"

在做好清洁工的同时，她一直在寻找着新的机会。正好 IBM 在扩充销售人员，由于在做清洁工的时候就建立了很好的人际关系，于是她向销售部的人员递了一份申请，在申请中她提出："能不能让我做一做，如果我做得不行，我还回来当清洁工；如果我做得好，希望能让我成为 IBM 正式的销售员。"

虽然 IBM 对销售人员的要求很高，但是 IBM 有很好的企业文化，即对自己的员工有学历培养的文化，因为她人缘比较好，于是主管销售的副总就给了她一个机会，让她先从兼职的销售开始做起。当时，在别人都对她不抱什么希望的情况下，吴士宏紧紧抓住了这次机会。她做兼职的销售做得不错，居然还卖出了几台设备，这使她名正言顺地进入了销售部门。

一般来说，要在企业里干出一番事业，销售是最好的途径，因为销售是全靠成绩来反映能力的，而吴士宏具有天然的亲和力，也就具备了天然的销售潜力。成为正式的销售人员后，她做得非常好，开始一路上升，从销售经理做到了区域经理。

吴士宏之所以能够获得成功，除了凭借她自身的天资以及她令人敬佩的学习精神之外，还有一点非常值得各企业注意，即 IBM 这样优秀的企业栽培了吴士宏，给了她公平发展的机会，这很好地体现了员工激励的第一条重要原则——激励员工要从结果均等转到机会均等，努力为员工创造公平竞争的环境。

在IBM，不管你原来是打扫卫生的或是中专毕业的，只要你有成绩就会得到提拔，这就是他们公平的企业文化和制度。正是因为吴士宏明白IBM给每个人的机会都是平等的，所以，她才如此充满激情地将自己的才能用在对IBM的贡献上。

人是有感情的动物，但是在员工的管理上一定不能让感情影响了公平，有些领导者与部下有某些私人交往和特殊关系，如老同学、老同事、老战友、老邻居等，往往被某种感情所牵绊，带着感情色彩去协调问题，做出有利于某一方面而有损于公正的调解，这样一来就很容易打击员工的积极性。

心理学家把"公平"看作是一种心里秩序。当员工认为自己身处一个公平的环境中工作的时候，会认为凭借自己的努力可以取得相应的成果而说服自己去努力工作；如果内心认为自己在一个不公平的环境里，自己再努力也比不上那些不作为的人，而自己偶尔犯错受到的处罚远超于那些经常犯错或者严重犯错的人，如此一来心里的秩序就会失衡，找不到努力的理由也就丧失了干劲。所以优秀的领导者一定要展示出平台的公正和公平，让员工感受到自己所得所失都是和自己的所作所为相应对等，而其他人也和自己的待遇相同，在公平的制度下有效地激励员工的干劲。

第二章

知人善用，择贤而任

求才纳贤，真诚最重要

企业之间的竞争归根结底是人才的竞争，人才是最宝贵的资源之一。值得企业管理者注意的是，人才这种资源毕竟不同于机器设备、土地、房产等资源，可以随意处置，人是有血、有肉、有感情的高级动物。抓住这一点，对人才真诚相待，动之以情，晓之以理，你的企业就可以网罗一大批贤能之才，为你所用。

是否拥有贤能之才，是决定一个领导者能否取得成功的重要因素。曹操深深懂得这个道理，所以对于一些闻名已久的人才，他总是以一副真诚之态，欢迎、接纳贤才，以此赢得他们的死心追随。

一次，曹操前往泰山庙拜访高僧，请高僧向自己推荐几位贤能之才。高僧给了曹操一个小锦囊，告知他若遇到一位胆敢辱骂他的人，即时打开锦囊便知。其后，曹操率大军攻入中原，所到之处，鸡犬不宁。进许昌后，曹操扎营于一个叫景福殿的庙内。

曹操之弟曹仁，由于没出五服，淘气贪玩，带着士兵四下抢夺，弄得许昌百姓惶惶不安。这样几天后，四个城门上忽然都贴出一张帖子，上边写着："曹操到许昌，百姓遭了殃；若弃安抚事，汉朝难安邦。"落款是：许昌荀彧。

曹操看到帖子后，无比气愤，正想下令捉拿这个胆大包天之徒时，猛然想起高僧的锦囊来，忙打开来看，只见上面写着这样一首诗："开口就晌午，日落扁月上。十天头长草，或字三撇旁。才过昔子牙，谋深似子房。"

很明显，这是一首藏意诗。曹操忙请来身边诸位谋士，共同解读其中含意，折腾了半天才明白六句诗中隐含了这样四个字：许昌荀彧。曹操读后，幡然醒悟，急忙派人请荀彧到自己帐中。

原来，荀彧因不满当朝昏庸无道，一直隐居于许昌。后闻曹操有勇有谋，又爱惜人才，想投奔曹操，又不放心，于是写了这张帖子来试探一番。今见曹操特意派人来请，心里高兴，但为考察曹操是否真心，便故意拒门不出。

是时正临寒冬腊月，天气冰寒，遭拒后，曹操不但没有生气，反而不顾严寒，亲自拜访荀彧，但两次都败兴而归。对于两访不遇，曹操并没有生气，仍耐心求访。

后来，曹操听说荀彧前往祖坟扫墓，于是备下厚礼，前往凭吊。曹操来到坟前，看见一个少年，仪表堂堂，正专心致志阅读《孙子兵法》，见有人过来头也不抬。忽然一阵风起，把书吹落在地，曹操急忙上前帮忙捡起并恭恭敬敬地递上。对此，荀彧却置之不理，只大声喝问来者何人。

曹操说："我是曹孟德，今天特意来请荀公帮忙开创汉室江山。"没想到，荀彧却十分冷漠地回绝了曹操。曹操赔笑说："久闻先生足智多谋，今日请不得先生，我不归。"荀彧又推说腿有毛病，行动不便。曹操便亲自牵来自己的马，扶荀彧骑上，迎入景福殿中。

曹操以真诚的态度渴慕人才，欢迎人才，接纳人才，关心人才，真正让人体会到了曹操的"我有嘉宾，鼓瑟吹笙"之真诚境界，也使得这些人才忠诚于曹操的事业，充分贡献自己的聪明才智，为曹操战胜对手、统一北方作出了巨大的贡献。

相比于古时曹操的求才之心切，当今的企业管理者也不在其下。

格兰仕公司就是其中典型的一例。

格兰仕公司刚刚建立时，由于是民营企业，连大学生都招不到。可是随着公司的发展，如果依然没有受过高等教育的人才加入，那么公司的发展就会受到严重的制约。为此，公司老总梁庆德四处奔波求才，一段时间下来，连他本人都记不得为了招聘大学生自己跑了多少路、费了多少心思。

终于有一天，公司迎来了其历史上第一位"天之骄子"赵静。如今的赵静已是格兰仕集团的副总裁，是中国家电业传奇式销售女杰，当初梁庆德为了招到她可谓历经了千辛万苦。

20世纪90年代初，赵静毕业于一家知名高校。那时的大学生在城市里找一份还不错的工作很容易，机会非常多。当时，梁庆德正为招聘人才而四处奔波，在一次偶遇中，他一眼看中了活泼开朗的赵静。可是无论梁庆德怎么邀请，赵静都不为所动，她甚至觉得好笑，心想我堂堂一个高才生怎么可能到你那个乡下去工作呢！

表面上看来，梁庆德想要聘请赵静的确有些异想天开。可是，饱读中国古典书籍的梁庆德却有自己的想法。他一眼就看出了赵静的小心思，相信只要真诚相待，最终一定可以博得赵静的"芳心"。经过左思右想，梁庆德终于想出了一个好点子。

这天他又联系赵静，对她说：公司月底要到北京开一个新闻发布会，如果她过来的话就可以去一趟北京。赵静顿时两眼放光，她从小就梦想着到北京去走走看看，可一直没有这个机会，现在不花钱就可以去北京旅游一次，真是千载难逢的机会呀！

就这样，赵静的格兰仕之旅就在北京之行中悄悄展开了。不过，年轻气盛的赵静可没有准备久待，这份工作对于她来说只不过是一个小小的跳板。然而，事实却是，赵静这一来就再也没有离开。

当然，对于赵静来说，从北京回来后之所以没有马上离开，原因当然不是这家企业有多么的吸引人，而是梁庆德的为人给她留下了无比深刻的印象。在她有限的人生阅历中，她还从没有见到过梁庆德这种一门心思扑在工作上，对人才如此着迷的人，别看他只有小学文凭，却满脑子智慧，比她这个响当当的高才生还英明几倍。

年轻人好学，赵静觉得跟着这样一位长辈肯定能够学到很多东西。还有一点就是，赵静慢慢地发现自己在乡镇企业大有可为……就这样，赵静开始了她在格兰仕辉煌的创业之旅，直至走到今天，成为格兰仕集团的中流砥柱。

求才纳贤，真诚最重要。若人才体会不到一个管理者的真诚之心、纳贤之切，则很难心甘情愿地追随管理者。所以，身为企业管理者，在纳贤时，要着重表达出自己的真诚，用事业的前景、舒适的环境、完善的机制吸引人才，以此提高人才主动"投怀送抱"的积极性。

拒绝庸才，任用能力比自己强的人

作为管理者不知道你有没有这样的苦恼：交代的任务，员工不放在心上，敷衍了事；你说一句，员工回你两句，跟你对着干……为什么你的话员工不听，为什么你交代的事他们不愿意干，不情愿干？

综观失败的企业，其失败都是从用人开始的，领导懂得识人用人，手下的员工就会愿意听从你的领导，否则，他们会怨言四起。而领导用人最忌任用庸才。美国著名历史学家诺斯古德·帕金森通过长期调查研究，写了一本名叫《帕金森定律》的书，他在书中阐述了机构人员膨胀的原因及后果：一个不称职的官员，可能有三条出路。第一是申请退职，把位子让给能干的人；第二是让一位能干的人来协助自己工作；第三是任用两个水平比自己更低的人当助手。

这第一条路是万万走不得的，因为那样会丧失许多权力；第二条路也不能走，因为那个能干的人会成为自己的对手。那么，只有第三条路最适宜。于是，两个平庸的助手分担了他的工作，他自己则高高在上发号施令。两个助手因为无能，也就只能上行下效，再为自己找两个无能的助手。如此类推，就形成了一个机构臃肿、人浮于事、相互扯皮、效率低下的领导体系。

这就是企业失败的根源。要想避免帕金森定律，企业管理者应该拓展胸怀，从公司的利益出发，真正起用比自己更为优秀的人才。美国钢铁大王卡内基的墓志铭是："一个知道选用比他本人能力更强的人来为他工作的人安息在这里。"这句话对有效的管理者来说，是最极致的赞扬，也是最好的原则。

卡内基虽然被称为"钢铁大王"，但他是一个对冶金技术一窍不通的门外汉，他的成功完全是因为他卓越的识人和用人才能——总能找到精通冶金工业技术、擅长发明创造的人才为他服务，比如说任用齐瓦勃。

齐瓦勃是一名很优秀的人才，他本来只是卡内基钢铁公司下属的布拉德钢铁厂的一名工程师。后来，当卡内基知道齐瓦勃有超人的工作热情和杰出的管理才能后，马上就提拔他当上了布拉德钢铁厂的厂长。在厂长的位置上，齐瓦勃充分发挥出了自己的才干，带领布拉德钢铁厂走向了辉煌。以至于卡内基骄傲地说："只要我想要市场，市场就会是我的。"几年后，表现出众的齐瓦勃又被任命为卡内基钢铁公司的董事长，成了卡内基钢铁公司的灵魂人物。

企业的生存、发展离不开人才，一个成功的企业家要善于寻找比自己更强的人才来为自己服务。我国汉高祖刘邦在取得天下之后就说：

"论运筹帷幄之中，决胜千里之外，我不如张良；论镇服国家，安抚百姓，源源不断地运用粮草，我不如萧何；论统兵百万，战必胜，攻必克，我不如韩信。这三个人是当今的豪杰，我能把他们争取过来，委以重任，而项羽只有一个谋士范增，尚且疑忌不用，所以才为我所灭。"

这就道出了管理者最重要的责任是善于用人，而不是和属下比谁比谁更能耐。那些时常害怕下属超越自己、抢自己风头而对功高盖主者施行严厉打击的管理者是很难取得成就的，因为他总是缺少比自己更有谋略的人的协助，而仅靠一个人的能力和智慧是不可能将企业做大做强的。

管理者的职责是招募到比自己更强的人，并鼓励他们发挥出最大的能力为自己服务。这本身就已经证明了你的本事，同时不费吹灰之力就可以让自己的事业大风起兮云飞扬，在这个过程中受益最大的还是管理者自己。企业的失败是从任用庸才开始的，同样，企业的辉煌是因为任用了更为优秀的人才而取得的。

人岗适配，表现才能优秀

管理大师德鲁克认为，有效的管理者能使人发挥其长处，只抓住员工的缺点和短处是干不成什么事的，为了实现目标，必须用人所长。

充分发挥人的长处才是组织存在的唯一目的。作为一个管理者，要想赢得属下跟从，在用人时就要懂得：不要想方设法去克服人的短处，而要学会发挥人的长处。

松下幸之助主张"最好用七分的功夫去看人的长处，用三分的功夫去看人的短处"。管理者的人事决策，不在于如何弥补人的不足，而在于如何发挥人的长处。任何人有其长，亦必有其短，管理者用人的要诀之一，就是如何发挥人的长处。

所有成功的企业家、经理人都把用人之长作为他们人事决策的基本立足点。管理者如果以"鸡蛋里挑骨头"的态度去选拔下属，久而久之，就会发现周围没有可用之人。在用人问题上，不能机械从事，更不可盲目照搬，要根据具体情况灵活使用他人的长处。

知人善任是企业管理的核心，是企业全体管理者的重要工作和共同责任。企业通过外部招聘、内部培育和选拔，取得这两类人才，并且将他们放在最合适的岗位上，"贤者在位，能者在职"，促使这两类人才能够互相补充，产生倍增的作用，"才得其序，绩之业兴"。

领导者要辨识企业自身经营和发展对人才的需求；寻找企业需要的合适人才；建立内部的人才激励机制，包括由员工共同参与的员工职业规划和技能发展，积极鼓励内部和外部的人员有序流动；保证每一个岗位都是使用最合适的人才和储备具有能力的继任人才资源。而且要保证用人系统的灵活性，要敢于突破固有思维模式，有区别地对待不同的人才，制定不同的策略，应用不同的方法，从而能够有利于识别、发现、培育和使用各类人才。

分析资料证明，卓越企业的关键性人才，大部分出自企业的内部，但是最重要的是，企业要发现人才并且有培养人才的机制，如果不去主动寻找合适的人才，让其埋没自己的才能，不仅失去了人才的价值，对企业来讲也是一笔大的损失。

但是在实际工作中，很多管理者存在着误区。很多企业培养人才的重点多半是放在缺点的改正上，下很大的功夫去加强比较弱的部分，而非尽力去发挥个人的专长。这样做虽然可以培养出不犯错、没有缺点的"秀才"，却无法培养出拥有创造力和独特性的真正人才。并且，在改正缺点的过程中，不仅当事人觉得痛苦，在心理上产生很强的抵触情绪，而且就算达到了百分之百的效果，也不过是从"负数"回到"零"罢了，使得付出与得到不成正比。

相反，如果让一个人的优点尽量发挥，本来就是"正数"的部分更能产生加倍的效果。二者之间所花费的精力也许完全相同，但效果截然不同。另外，当事人也会因为觉得有乐趣而产生成就感和工作的动力。

因此，管理者要注重发挥人才的长处和优势，合理地使用、培育人才和留住人才，形成有利于人才发展的环境和文化。这不仅仅是企业领导者的一项管理职能，更是企业文化的核心组成部分。企业只有发现和培养具有潜能的人才，根据人才的类型不同，给予区别对待，将人才放到最适合的地方去，才能有效保持企业的核心竞争力。

但需要提醒管理者注意的是，你所需要的不一定是最优秀的人，但一定是最适合的人。因为"岗位需要"而使用人才，所以，"优秀"的人未必就是最能满足岗位需要的人选，在这种意义上，合适比优秀更重要。并且，随着工作的开展，只有人岗适配，才能表现优秀。

用人之长，不计人之小过

面对竞争日趋激烈的市场环境，科学技术发展日新月异，人力资源已成为企业最重要的战略资源，对每个企业来讲，人才问题显得非常重要、紧迫、严峻。可以说，一个企业在事业上所取得的成功，无不是其人才战略的成功。

嬴政被称为千古一帝，是因为他创造了历史上很多个"第一"，其中最重要的就是统一天下，建立中国历史上第一个封建王朝。在各国实力均强的战国，他能够统一天下，除了先王积累的实力以外，他自己重视人才也是一个重要的原因。

秦王嬴政是中国历史上第一位皇帝，但他在世人眼里被视为中国历史上的大暴君：刚狠暴戾，野蛮冲动，多疑猜忌，冷血无情。司马迁在史学巨著《史记》中也曾记载过这样一个小故事：

嬴政去梁山宫游玩，站在山上往下一看，见丞相李斯的车马众多，于是非常不高兴。他身边的侍卫把这个细节告诉了李斯，使得李斯日夜寝食难安。等嬴政再次出行的时候，李斯大幅度地减少了车马随从。

嬴政见状非常愤怒，说肯定是有人将上次的事情偷偷告诉了李斯，于是审问身边的随从，随从中没有一个人敢承认的，嬴政于是把当时在自己身边侍奉的所有随从一起杀死了。

这个记载给后世人们留下这样一种印象：秦王朝的君臣关系完全是建立在暴力和算计的基础之上，是猫和老鼠的关系，没有一丝人情味儿。

其实，你只要认真地读一遍《秦始皇本纪》，就会从中发现，秦王朝的君臣关系状态可以说是两千年来君臣关系最好的状态之一。秦始皇对人才的重视，用人的眼光、气度和手段，只有唐太宗李世民可以与之媲美。

在一统天下、成就帝业后，嬴政并没有像刘邦与朱元璋那样大开杀戒，也没有像宋太祖赵匡胤那样玩杯酒释兵权的把戏，而是对一些功臣忠将继续委以重任，其从政生涯中唯一杀掉的重臣只有一个吕不韦。

除此之外，嬴政与其他重要政治人物李斯、王翦、蒙恬等著名将相都善始善终，关系非常融洽。就拿李斯来说，嬴政与其共事30年，有始有终，李斯的几个女儿都嫁给了嬴政的儿子，其儿子娶的也都是公主。与汉武帝如走马观灯似的换相、不断诛杀宰辅公卿相比，嬴政在用人方面的确有着过人之处。

除了与臣下的关系相处得不错之外，嬴政还非常重视人才，有着"容才之量"的宽广胸怀，他认真贯彻韩非子法家任人唯贤的治国方略，不拘一格地使用人才。不管一个人的地位如何，只要有能力，能为秦国的发展作出贡献，他都会加以任用。

秦统一天下时期，魏国大梁人尉缭曾经向嬴政进谏，建议嬴政花巨资贿赂其余六国的大臣，以此从内部瓦解敌人，这种做法表面上看起来花费巨大，却能够获得非常大的实际利益。嬴政立即实施了这一建议，并给了尉缭非常高的待遇，赏赐他使用的东西均与自己的没有两样。

但是尉缭反而执意要走，后被嬴政及时发觉，又给逮了回来。不过，嬴政对尉缭的"不识抬举"并没有生气，也没有对他实施刑罚，而是温言相挽留，并任命他为秦国太尉，对他非常重视。尉缭也对嬴政忠心耿耿，帮助嬴政作出了许多正确的决策。

荆轲刺杀嬴政时的助手高渐离，在荆轲刺秦失败后流亡民间，嬴政爱惜他的音乐才华，大赦其罪，并任命他为宫廷乐师。

著名水利工程郑国渠的设计者郑国，原是一个秦国敌对国家的奸细，在潜入秦国被发现后，嬴政出于爱才之心，不但没有杀他，反而予以重用，让他主持完成了郑国渠。从此关中瘠薄之地变成膏腴良田，灾荒减少，使秦国的经济实力进一步提高，直至最终平灭东方六国。

正是因为嬴政重视人才，不计较人的过错，并善于发挥他们的长处，所以才能够高速、高效地完成了统一全国的大业，并且开创了一系列惊人的政绩。

企业要想巩固已取得的成果，并在更高的起点上有所作为，则有赖于它坚持不懈地实施行之有效的人才战略。而要实施人才战略，企业领导者首先要营造一种宽松、和谐的内部氛围，做到尊重人才、重视人才、不计较人之小过，并根据他们的特长委以重任，唯此才可留住人才，为企业的发展添砖加瓦。

合乎原则，正确用人

如何安排、任用人才是管理者的基本职能，就是说会用人是管理者必须具备的能力，是衡量管理者是否成熟、是否称职的重要标志。作为一名管理者，要想正确地用人，首先需要了解一下用人的一些基本原则。

（1）正直原则。正直是指管理者在解决下属的问题时，要坚持公平性、合理性的原则。管理者是否公道，对下属的积极性有着非常重要的影响。正直原则要求管理者对下属要坚持一视同仁，不能有亲有疏、有厚有薄。

（2）充分信任。用人不疑是用人的一条重要原则，同时也是一种强大的激励手段。信任原则要求管理者要充分信任下属，大胆放手使用。

（3）激发和鼓励。管理者对下属进行激发和鼓励，能够充分地挖掘出下属的潜力，开发其能力，使其自觉地、最大限度地发挥积极性和创造性，在工作中做出更大的成绩。

（4）适时交流。交流是管理者通过正式的或非正式的形式，与下属进行的思想沟通。它是一种在上下级之间传达思想、观点、情感和交换信息的社会心理过程。

（5）分层管理。分层管理就是管理者按组织层次进行指挥、进行管理。只有按级负责，一级抓一级，才能实现有效的管理。如果不按层次，经常越过直接下属去指挥管理，就会越俎代庖，影响直接下属的工作积极性，从而影响工作，久而久之，还会影响上下级之间的关系。

（6）适当施压。适当施压就是管理者要通过采取各种措施，给下属造成一定的压力，促使其积极而持久地从事工作。

（7）鼓励竞争。管理者鼓励下属之间开展竞争，在用才中引入竞争机制，有利于提高下属的素质，有利于激发下属的内在动力，有利于各项任务的完成。

管理者应当树立以竞争求发展的观念，采用竞争的机制推动工作的完成。用人上的竞争是通过工作竞争锻炼、培养人才，而不是下属相互之间争夺职位。竞争必须贯彻公平、公开、公正的原则。要加强对竞争的引导，防止竞争的消极面，防止互相拆台和内耗。

（8）认真考评。考评就是采用考察、民主测评等定性、定量相结合的方法，对组织成员的德、能、勤、绩进行评审和鉴定。管理者对下属的考评是必不可少的，这既是管理者的工作职责，又是管理者用人的一门重要艺术。

走出论资排辈与吹毛求疵的误区

管理者的决策不是任何时候都是正确的，总会在识人过程中发生一些误判，而且这种误判会产生可怕的恶果。例如埋没了人才，或使人才外流，都会使企业蒙受损失。

准确识人本无错，但是如果管理者识人的方法不对，往往会使人才流失，导致企业效益下降，那就得不偿失了。下面几点可以使你"防患于未然"。

论资排辈和唯出身论是影响识人的两大误区。要正确识人知人，就必须走出这两大误区：破除论资排辈、抛弃唯出身论。

1. 破除论资排辈

论资排辈是落伍的社会传统观念，不少人认为，"姜是老的辣""老将出马，一个顶俩""嘴边无毛，办事不牢"。论资排辈是社会生产力低下的时代产物，是一种习惯势力。它的出现和发展有着复杂的社会背景和深刻的历史根源。

在古代社会生产力水平低下的情况下，个人的知识积累和能力储备，主要靠自己的社会阅历。在那时，人们就开始把一个人的知识多少与年龄大小、阅历长短看成正比的关系。例如在原始社会的部落里，人们认为最有智慧的是那个最年长的老者。到了奴隶制社会和封建社会，论资排辈成为统治阶级的一根重要精神支柱，变成了维护他们等级特权的工具。

在论资排辈这种观念支配下的领导，只重视人的名分、声望和社会地位，不重视人的实际品行和才能；把徒有虚表的资格和辈分看得很有价值，而把人的实实在在的业绩看得一文不值。

论资排辈的管理思想带有严重的保守性和封闭性，突出的表现就是瞧不起年轻人、压制后起之秀、排斥无名之辈。

论资排辈的用人者瞧不起年轻人，总认为"三斤鲜姜抵不上一斤老姜"，这是一种形而上学的思想方法。他们看不到年轻人身上那种十分可贵的创造开拓精神，看不到他们对新鲜事物的敏感和接受能力，也看不到他们显示出来的优异才能。只看到他们的幼稚和不成熟，主张用"十年媳妇熬成婆"的方式，让年轻人在论资排辈的"容器"里熬。这种陈腐的用人方法，无疑会窒息人们的才华和创造能力，压抑和埋没大批的优秀人才，给事业造成重大损失。

2．不可吹毛求疵，抛弃唯出身论

对人才要全面识别，切忌以点带面，只顾一点忘记其他。如果一个人缺点太多或某方面的缺陷足以给事业带来致命的打击，即使他有特长也要慎之又慎，以免得不偿失。更重要的是"金无足赤，人无完人"，一个人的缺点只要不是如前所述的情况，是不能完全抹杀他的特长的。要有"瑕不掩瑜"的观念，宁用有瑕点的玉，不用完美的石。如果不全面地识别人才，只注意某一点或某个侧面，而这点或侧面恰恰又是他的缺点所在，就贸然弃而不用，那将造成优秀人才的埋没。

有个笑话说，一个人对另一个人介绍说孔雀开屏的场景是相当漂亮的，那个人就欣然去观看，回来后埋怨道："你骗我，孔雀一开屏，屁股就露出来了，太丑了，孔雀开屏实在不雅观。"管理者要想不在识人过程中出现误区，必须改变自己的识人之法，打破传统观念，以自己的眼光和需要去观察人才、考验人才，才能有所作为。相反，如果光是用教条的办法评判下属，就是给自己堵死了一条活路，更谈不上求贤若渴了。

别把年龄当作用人的标准

现在有些企业领导者不愿意任用年轻人，尤其是刚毕业的大学生，他们认为这些年轻人没有经验、心智不成熟，来了公司也是折腾。即使是留用了一些年轻人，也会对他们心存顾忌。

其实，年轻人是企业发展的源头活水，大胆提拔年轻人，会为企业的管理层注入新的活力，使员工的积极性大大提高，这样的企业才容易形成蓬勃发展之势。

美国钢铁公司是一个过分注重资历的公司，因此许多年轻的管理人才都止步不前。即使是一个精通业务的人员，在该公司若想晋升为一个小厂的厂长，必须在每个职位上各待上5年的时间。因此，该公司各分厂的监督人员，一般都在55岁以上；公司的资深主管，也都是些60多岁的老男人。

年轻人要想在美国钢铁公司出人头地，只有耐性十足地遵守年长主管所制定的陈规旧章。这些年长资深的主管，自己不思变革，同时又不让有才能的年轻人升迁，成了公司发展的绊脚石。那一年，当美国钢铁公司每卖出一吨钢要亏损 154 美元时，罗德里克终于意识到公司陷入了困境，他焦急万分。

在万般无奈的情况之下，罗德里克不惜重金聘来经营高手格雷厄姆，格雷厄姆以创新的经营手法挽救了企业危机而在美国钢铁业界颇具盛名。当美国大多数钢铁业老板们为了须筹借数以百万计美元的经费才能提高生产力而伤脑筋时，格雷厄姆却能不费分文，靠着激励经理和工人而大幅度提高生产效率。

公司大胆地裁减资深位高、傲慢自大、神气活现、一事无成的主管，提拔年轻骨干人才，使所有员工敢于负责，格雷厄姆把公司从死亡线上拉了回来。他认为广告对于增加铜铁销售量的作用不大，于是他将负责广告的人员从 30 人裁减到 5 人。同时，他认为 54 人的外销拓展部门的业务发展希望渺茫，而 25 人的经济预测小组做的是不切实际的工作，因此他将这两个单位予以解散。更重要的是，他废除了四至六层的管理阶层，以减少重叠的组织机构。

经历了一系列的改革后，员工的积极性大大提高，各级主管年轻有为，公司业务迅速发展，市场占有率大幅回升，取得了令同行不可思议的成绩。

"我劝天公重抖擞，不拘一格降人才"，这句古话不仅是对古代君王用人的一种力荐，更是对现代企业管理中人才战略的一种劝告：现代的企业管理者在择人用人时一定不能循规蹈矩、论资排辈，要敢于启用年轻干部，对有特殊才能的卓越人才大胆委以重任，只有这样，才能让企业因为年轻人的锐气而充满积极向上的活力。

在华为，不但有工作七天就被提升为工程师的新人，还有 19 岁的高级工程师。即使那些较大的科研项目，华为也可以放心大胆地任用年轻人挂帅。在华为，曾经有个年仅25岁的大学毕业生来领导500多人的中央研究部的事例。

对于这件事，任正非的态度是：年龄小压不垮，有了毛病，找来提醒提醒就改了。正是这种不受传统观念束缚，不论资排辈，不拘一格，放开手脚大胆任用的用人理念，使得华为内部形成了奋勇向前、极具活力的氛围，给每一个员工都提供了很大的发展空间和成长机会。

在企业管理中，很多企业家认为年轻人做事浮躁，于是把年龄作为启用人才的一项重要标准，以此来降低用人风险。而事实上，年轻人也有很多长者不具备的优点和特长：他们年轻有朝气、想法新奇独特、接受新鲜事物能力强；他们敢作敢为、敢打敢拼，且头脑单纯，并不工于心计，也不受那么多条条框框的约束，因此很有可能干出一番大事业。

企业在选拔人才时，要注意以下三点：第一，要坚持在长期的全面的实践中选拔，不能在短时间内，甚至凭一时一事的印象就下结论；第二，要以现实的实践为主，历史的实践为辅选拔。近期的和现实的实践能够比较准确、比较全面地反映人才的各方面情况；第三，要以实效作为判断和评价人才的主要依据。所谓重实效，就是重业绩、重实干、重贡献。

急功近利是用人大忌

在企业里，经常会有一些"空降兵"，他们多为职场高人，经过多年的职场打磨，让这些职业经理人看上去"很美"。所以，当企业遇到困境或者业务发生变更时，管理者通常都会选择从其他企业"挖"过来一名优秀的职业经理人，以此来担负起改变企业命运或承担新业务开拓的重任，这似乎已成为企业管理者解决问题最简单、最有效的途径。

然而，距离产生的"美"是一种假象。当优秀的"空降兵"们渐渐进入企业的日常运营中时，企业却发现一切并没有想象中的"完美"。等双方短暂的"蜜月期"过去后，剩下的往往是痛苦而又无言的结局。难怪很多企业管理者都曾经感慨："挖人容易用人难。"在对待空降兵的时候，管理者通常存在这样的误区：他们认为在其他地方优秀、出彩的人才，到了自己的企业也会继续"优秀"。但事实却并非如此，企业的管理者不要期望"优秀的人才一进来就优秀"。

吴士宏加盟 TCL 的案例就足以说明，"优秀"也是需要条件的。1999 年，"打工女皇"吴士宏离开给她带来巨大声誉的微软中国公司总经理的职位，选择加盟 TCL 集团。吴士宏在 TCL 并没有能够继续辉煌，直到 2002 年黯然退出，在 TCL 集团短暂的经历，让吴士宏遭遇了职场上的"滑铁卢"。

吴士宏拥有 IBM 高管和微软中国区总经理的外企从业经验，而且是从一个普通销售员一步一步上升为高管，在多个岗位都具有丰富的工作经验。正如 NBA 中国挖来陈永正是看中其在中国高层的公关能力，TCL 邀请吴士宏加盟之时也对其寄予厚望。

但是，无论是吴士宏，还是 TCL，他们都低估了不同企业文化冲突的严重性。吴士宏一直接受的是国际企业的文化训练，而 TCL 是一家迅速成长的本土公司，不同的企业文化之间必然存在着磨合的问题，最终，水土不服成为吴士宏兵败的首要原因。

作为传统家电企业的旗帜，TCL 有着根深的企业文化底蕴。空降兵吴士宏要想实施其战略，势必要涉及整个集团内部的利益重组。而集团内部纷繁复杂的人事关系，让外企出身的吴士宏想一展拳脚的时候却感觉牵制太多。尽管初上任时吴士宏的改革力度很大，但终究拗不过企业原有体制的力量。她忘了作为一家老牌企业，TCL 不会为一个职业经理人而轻易改变自身的企业文化。

除了文化冲突之外，吴士宏失败之后，她也需要自省。她从跨国公司的执行者到国内企业的管理者，其自身的转型也不成功。吴士宏在微软中国担任总经理时，一直执行的是微软总部的战略与决策，更多的是其执行力的体现。到 TCL 后，则承担起组建 TCL 集团信息产业板块的重任，这时的吴士宏已经肩负着决策 TCL 信息产业的战略发展问题。

她已经不再是简单的执行者，现在已身居管理层，需要有决策力。工作内容的变化，需要她及时调整自己，从而满足工作的需要。这样导致 TCL 在对吴士宏工作不满意之后，最终还是选用自己企业一手培养起来的杨伟强掌管 IT 业务，而吴士宏只能选择黯然离开。

已经被证明优秀的吴士宏在 TCL 的表现实在谈不上"优秀"，对于此次"意外"，业界和 TCL 本身都表示诧异。其实，职业经理人的加盟，也要符合企业需求，并非所有优秀的"空降兵"都适合任何一个企业。

企业管理者要认清这样的事实：并非外来的和尚会念经。有时候，磨合和时间是必需的，即便如此，"空降兵"也不是"全能战士"。"优秀的人才一进来就优秀"，这本身就体现出企业管理者急功近利的思想。让空降兵实现"软着陆"，才是管理者最应该去做的。

将合适的人放在合适的位置

谋事在人，成事在能。识人、用人为一切能之上能。一流的企业，需要一流的管理；一流的管理，需要一流的企业家。企业家管理之关键，唯在用人。用人之道，在于有才者竭尽其力，有识者竭尽其谋。纵观当今企业的竞争，莫过于人才的竞争。放眼未来，谁拥有优秀的人才，谁就占领了发展的制高点。

福布斯集团的老板马孔·福布斯是一个十分善于用人的管理者。在福布斯集团工作，只要你有才干，你就能够被安排在合适的岗位上，从而大显身手。福布斯集团也正是因为用人有方而发展壮大的，有许多事例都说明了这一点。

例如，大卫·梅克是一个才华出众的人，但他的管理风格让很多人无法接受。他对人冷漠，从来不留情面，而且非常严厉。比如，在下属们忙着组稿时，他总会传话说："在这期杂志出版之前，你们中有一个人将被解雇。"每每听到这话，大家都很紧张。

有一次，有一个员工实在紧张得受不了，就去问大卫·梅克："大卫，你要解雇的人是不是我？"没想到大卫·梅克竟说："我本来还没有考虑谁将被解雇，既然你找上门来，那就是你了。"就这样，那名员工被解雇了。

但马孔·福布斯恰好看重大卫·梅克的才华和严厉，他将大卫·梅克放在总编辑的位置上。大卫·梅克在任总编辑期间，最大的贡献是树立了《福布斯》"报道真实"的美誉。而在那之前，《福布斯》曾多次被指责报道不真实。

为了保证报道的真实性，大卫·梅克专门让一批助理去核实材料。这些助理必须找出报道中的问题，否则就将被解雇，而且真的有三名助理因为没有找到记者报道中的问题而被他解雇。《福布斯》在 20 世纪 60 年代就能够与《商业周刊》《财富》齐名，报道真实，正是其最大的竞争优势。

福布斯用人有方的第二个典型是对列尼·雅布龙的使用。

列尼·雅布龙是一名理财专家，但他又是一个出名的"小气鬼"，比如下班就要求关冷气，死皮赖脸拖欠他人的货款等。马孔·福布斯要的就是他这种小气，理财嘛，不小气怎么行？事实证明，列尼·雅布龙在担任总裁期间，开源和节流都做得很好。列尼·雅布龙最著名的大手笔是出卖"美国领土"。

1969 年，马孔·福布斯花 350 万美元在科罗拉多州丹佛市以南约 321.86 千米的地方买下一个牧场，面积为 680 万公亩。马孔·福布斯原本计划将这片牧场开发成狩猎场。当一切准备就绪，准备开业时，科罗拉多州政府却发出通知，说这块土地上的野生动物是该州的财产，私人不得任意处置。

这等于给马孔·福布斯的狩猎场判了死刑。

怎么办？ 350 万美元，以及后期的大量投入，总不能不要了吧。正值危急关头，列尼·雅布龙出了一个高招。他把这片土地划分成许多面积为 202 公亩（1 公亩 =100 平方米）的一小块，然后分块出售。他们宣传做得很到位，称这块土地是实现美国梦的最佳场所，是一个完全不受污染的天堂，可以让每一个购买的人拥有一块美利坚合众国的土地。

这一招立见奇效，许多人纷纷购买。

202公亩的售价是3500美元，每公亩是17.33美元，而马孔·福布斯买进时的价格，才不过每公亩0.54美元。这一笔生意，赚进了3400万美元，超过当年的杂志主营业务收入。

福布斯还有一个用人的典型就是对其亲弟弟的使用。

他的弟弟华里士·福布斯是哈佛的工商管理硕士，并且有一定的工作经验。作为一个家族企业，如果把华里士·福布斯委以重任，一点都不过分。

但马孔·福布斯让弟弟到投资部担任副主管，还亲自向投资部的主管雷·耶夫纳保证，投资部的事情全权交给雷·耶夫纳，华里士·福布斯的职权仅仅限于处理业务。马孔·福布斯这样安排，是因为他弟弟的长处在于企划方面，而不在于从事高层管理工作方面。华里士·福布斯高兴地接受了这样的安排，并且与雷·耶夫纳相处得很好。

用最合适的人胜过用最好的人，精明的企业管理者对待人才要做的就是将合适的人才放在合适的位置上。

一天，庄子和他的学生在山上看见山中有一棵参天古木因为高大无用而免遭砍伐，于是庄子感叹说："这棵树恰好因为它不成材而能享有天年。"

晚上，庄子和他的学生又到他的一位朋友家中做客。主人殷勤好客，吩咐家里的仆人说："家里有两只雁，一只会叫，一只不会叫，将那一只不会叫的雁杀了来招待我们的客人。"

庄子的学生听了很疑惑，向庄子问道："老师，山里的巨木因为无用而保存了下来，家里养的雁却因不会叫而丧命，我们该采取什么样的态度来对待这繁杂无序的社会呢？"

庄子回答说："还是选择有用和无用吧，虽然这之间的分寸很难掌握，并且也不符合人生的规律，但已经可以避免许多争端而足以应付人世了。"

世间并没有一成不变的准则。面对不同的事物，我们需要不同的评判标准，对于人才的管理尤其明显。一个对其他企业相当有用的人对自己的企业来说并不一定有用，而把一个看似无用的人摆正地方也许就能为你创造出让人意想不到的收益。

聪明的领导人应该学会发现人才的优点，使得人尽其才，尽量避免人才浪费。

第三章

仁爱管理，情是带队之本

将心比心，让管理更有人情味

优秀企业的管理能取得实效，都不是用金钱激励出来的，而是靠管理者的"仁爱"之心激发出来的。当一个人心存仁爱之心的时候，就会不自觉地积极地创造条件让追随者的心理需求得到满足，将心比心，追随者也愿意以实际行动为引领者的梦想增砖添瓦。

"海底捞"之所以能取得成功，其中的一个奥秘恐怕就是在企业管理中体现出来的"仁爱"。

在海底捞，新员工到店后都会享受非凡的"礼遇"。因为店里从店长到每一个普通员工，都是在"接待"新员工，并且是"隆重接待"。

在经历培训后，新员工分配到各店，首先由店长亲自接待。店长会告诉新员工一些重要的注意事项，然后带新员工吃饭，店长做自我介绍，然后列举若干榜样，激励新员工好好干。店长之后，大堂经理、后堂经理，以及实习店长、实习经理会轮流接待新员工。他们都留下自己的手机号码，让新员工有困难跟他们说。新员工进入到这样的环境中，任何人都会感受到企业的浓浓暖意。

给予新员工优待，新员工提前下班，单独吃饭。新员工的下班时间要比正常上班早一到两个小时。接待经理会亲自通知新员工下班，并且亲自搬桌子、凳子，亲自摆碗筷，亲自给新员工打饭。新员工的这种待遇大概会持续四五天至一周。因此，在海底捞接待新员工并给予优待是店长及经理们的常规工作。

在海底捞，每个师父都会拉着徒弟的手坐到自己身边，大家都会报以热烈的掌声。店长也会很郑重地告诉师父们，要在业务和生活上关心徒弟，徒弟的发展就是他们的发展，徒弟没有进步就是他们的失职。

然后，对新员工有跟踪调查。调查的对象是新员工，但内容却是针对其他人。比如店长有没有在第一时间接待，经理们有没有安排好生活，领班有没有讲解店里的情况，师父有没有认真带你。还有吃得习惯不习惯，住得舒不舒服之类。

新员工在新来的几天里，全方位感受到企业的温暖环境。而一个月以后就会习惯并融入这个团体了。

"仁爱"思想是企业管理者必须具有的基本道德素质，是实现企业宗旨的有效价值选择。从企业管理的角度来说，一个管理者同样必须具备一颗仁爱之心，才能在所有的管理过程中，体现出对每个人的平等、公正和尊重。

很多时候，领导者如果严格按制度办事，那么很容易被部下误解为"冷血"，领导者需要在坚持制度的前提下，对下属多一些"仁爱"之心。"严是带兵之道，情是带兵之本"，带兵需要真情，这样的管理才有更多的人情味与更大的凝聚力。中华民族有着"报恩"的传统美德，"受人之恩，终身必报"，"滴水之恩，涌泉相报"。

管理者用仁爱之心对待员工，员工肯定会给予足够的感激和报答的。

英国的克拉克公司是一家很小的公司，它的业务只不过是为顾客给草坪施肥、喷药。但它的经营思想、管理方针却十分独特，许多专家称它是唯一一家真正体现"爱的思想"的公司。正是这种"不合常规"，强调"爱"的经营思想和方式，使公司获得了巨大成功：克拉克公司创业时只有 5 名职工，2 辆汽车，到了十年之后，已有 5000 名职工，营业额达到 3 亿英镑。

公司创始人克拉克的老父亲传给公司一个信条："员工第一，顾客第二，这样做，一切都会顺利。"克拉克公司一直坚持这个信条，对员工如同家人一般，对用户尽心尽力提供服务。在克拉克公司，喷药、施肥的工人被尊敬地称为"草坪养护专家"，是公司里最为重要的人。

老板克拉克关心工人，是由于内心的感情，而不是装腔作势，或沽名钓誉。一次，克拉克提出购买一个废船坞，想把它改建为公司职工的免费度假村。公司高级财务管理人员通过细致的计算，发现这个计划超过了公司的实际支付能力，他们费了好大劲，才说服克拉克放弃这个购买行动。可是，没过不久，克拉克又要在一片沙滩上修建职工度假村，财务人员再次劝阻了他。后来，克拉克瞒着公司高级管理人员，买下一条豪华游艇，让职工度假。又包租了一架大型客机，让工人去外国旅游。事后，主管负责财务的副总裁说："克拉克要我签字时，根本不知道我是否付得起这笔钱！可是我看到那些从未坐过飞机的工人，上飞机时的表情后，我再也无话可说。"在克拉克眼里，员工开心，他才会开心。

"爱出者爱返，福往者福来。"给人以爱，赐人以福，而最终爱心和福祉又都会回到自己身边。优秀的管理者都明白拥有一颗仁爱之心的重要性，他们知道如果能从情感上给团队中的人一些温馨和感召，使得在这个团队中工作的人，在情感的驱动下自觉地工作，团队当然会高速运转。

给员工发挥才能的空间

给员工足够的空间让其发展，会使员工充分发挥内在的潜力，从而提高工作效率。此外，它还能带给员工更完整的工作整体感，充实的责任感，以及对自我工作能力的肯定。从此，企业和个人就达到了双赢。

联邦快递成功的一个重要原因之一是重视员工，依靠优秀的管理原则取胜。他们扩大员工的职责范围，恰当地表彰员工的卓越业绩，激励员工去树立公司形象。

每天总有许多世界各地商业人士花上 250 美元，用几个小时去参观联邦快递公司的营业中心和超级中心，目的是亲身体会一下这个巨人如何在短短 23 年间从零开始，发展为拥有 100 亿美元，占据大量市场份额的行业领袖。

联邦快递公司创始人、主席兼行政总监弗雷德·史密斯创建的扁平式管理结构，不仅得以向员工授权赋能，而且扩大了员工的职责范围。与很多公司不同的是，联邦快递的员工敢于向管理层提出疑问。他们通过求助于公司的保证公平待遇程序，以处理跟经理之间不能解决的问题。公司还耗资数百万美元建立了一个联邦快递电视网络，使世界各地的管理层和员工可建立即时联系，这充分体现了公司快速、坦诚、全面、交互式的交流方式。

20 世纪 90 年代初，联邦快递准备建立一个服务亚洲的超级中心站，负责亚太地区的副总裁 J·麦卡提在苏比克湾找到了一个很好的地址。

但日本怕联邦快递在亚洲的存在会影响到它自己的运输业，不让联邦快递通过苏比克湾服务日本市场。在联邦快递公司，这不是麦卡提自己的问题，必须跨越部门界限协同解决。联邦快递在美国的主要法律顾问肯·马斯特逊和政府事务副总裁多约尔·克罗德联手，获得政府支持。与此同时，在麦卡提的带领下，联邦快递在日本发起了一场轰动日本的公关活动。这次活动十分成功，使日本人接受了联邦快递连接苏比克湾与日本的计划。

联邦快递经常让员工和客户对工作做评估，以便恰当地表彰员工的卓越业绩。其中几种比较主要的奖励是：祖鲁奖，奖励超出公司标准的卓越表现；开拓奖，给每日与客户接触、给公司带来新客户的员工以额外奖金；最佳业绩奖，对贡献超出公司目标的团队给予现金奖励；金鹰奖，奖给客户和公司管理层提名表彰的员工；明星／超级明星奖，这是公司的最佳工作表现奖，奖金相当于受奖人薪水的 2%～3%。

在企业的日常管理中，人们可以明显地感觉到，对一个员工来说"我指示你怎样去做"与"我支持你怎样去做"，两者的效果是不同的。一个好的企业管理者，应善于启发员工自己出主意、想办法，善于支持员工的创造性建议，善于集中员工的智慧，把员工头脑中蕴藏的聪明才智挖掘出来，使人人开动脑筋，勇于创造。为此，要努力从以下几个方面做起：

第一，尊重下属。人人都有受人尊敬的需要。尊重下属，不仅表现在充分肯定其才能和待之以礼方面，关键在于尊重其意见，采纳其建议，使员工感到他们远远不止是机器上的一个齿轮，这有助于增强他们的自信心。

第二，爱护下属。要爱护下属的进取精神和独特见解，爱护他们的积极性和创造性。

第三，创造一种宽松的环境。比如信任员工，让他们参与管理。没有什么能比参与做出一项决定，更有助于满足人们对社交和受人尊重的需要。因此，出色的管理者，应让员工参与制定目标和标准，这样他们会更加努力地工作，发挥出最大潜能。

安排任务时尽量照顾到员工的兴趣

在日常工作中，只要稍加留心，就会发现，每个下属都有自己的个人兴趣。作为领导者，不仅不能扼杀人的个性和爱好，而且要鼓励一切有益的兴趣都得到发展。

用心去发现并利用好下属的兴趣，能更好地调动人的积极性，推进事业的发展。爱因斯坦说过："我认为对一切来说，只有'热爱'才是最好的教师。"郭沫若也说过："爱好出勤奋，勤奋出天才。"一个人如果对某种事物有了感情和兴趣，就会全神贯注、如痴如醉地沉迷于其中，不仅吃苦受累在所不惜，而且常常因此寝食俱废，甚至献出自己的青春和生命。许多令人瞩目的成就和奇迹就是这样被创造出来的。

所以，从一个人的兴趣，往往可以窥见一个人的思想、气质和用心所在，可以发现一个人的潜力和才干，这无疑为领导者知人善任提供了极好的信息。所以，每一个领导者都要与下属融洽相处，细心观察和发现下属的兴趣，以作为考察和发现人才、培养和使用人才的重要依据。

领导者在给下属任职、定岗和安排任务时，应尽可能照顾到个人兴趣，使工作与兴趣、专长结合起来，为其提供一种符合其兴趣爱好的工作环境，使每个人干的也是他最感兴趣的。例如，让"求知型"的人去钻研科学，研究问题；让"事业型"的人去独当一面，开创新领域；让"艺术型""运动型""娱乐型"的人去从事和组织文体事业；等等。

另外，兴趣与年龄、职业和性格也大有关系。例如，老年人愿做比较稳定的工作，年轻人则活泼好动；技术人员热爱自己的专业；性格外向的人喜欢交际，愿意从事社会活动，而性格内向的人则喜欢自己埋头苦干，等等。领导者要善于根据每个人的特点和兴趣，扬长避短，量才授职，使每个人都能最大限度地发挥自己的才能。

有时候，领导者虽然有责任把每个人都安排在最适宜其施展才能的岗位上，但由于工作需要和客观条件的限制，并不能使每个人的兴趣都得到满足，有时甚至完全相悖。在这种情况下，简单生硬地强调"个人服从组织"，搞强迫命令，显然是下策。上策是对下属说明情况，晓之以理，使下属心情舒畅，自觉以大局为重，服从事业发展的需要，还应当想些办法，培养他对新岗位的感情，为使其胜任新的工作提供方便，创造条件。

事实证明，兴趣也是可以培养的。人们学习某一学科，或者从事某一工作，开始并不一定都有兴趣，但只要做好思想工作，使其坚持在这一行干下去，天长日久，兴趣自然就产生了，就会不知不觉地爱上这一行，并干出成绩来。

这里还要注意两件事：一是当发现此人确实难以适应此种工作，或此人在这一岗位上确实属于埋没人才时，应积极创造条件，改变这种现象，不能用"要干一行爱一行"来压制员工。二是当发现他在做好本职工作的同时，还有其他兴趣爱好时，不要说对方"不务正业""身在曹营心在汉"。一个人可以有多种兴趣爱好，只要无碍工作，都应当允许，必要的时候还要给予支持，促进其全面发展，使其做出更多的贡献。

领导者就是要善于在客观条件发生变化的情况下，根据下属的各方面条件，满腔热情地帮助下属把兴趣调整到更合适、更能发挥能力的方面去，并为其新的兴趣创造适宜的环境和有利的条件。

三心换一心，爱出者爱返

孙子说："视卒如爱子，故可与之俱死。"（《孙子兵法·地形第十》）意思是说："对待士卒像对待自己的儿子，士卒就可以跟他同生共死。"企业要学会爱，最主要的体现是企业管理者要学会爱公司的员工。

员工跟企业的关系不仅仅是物质上的雇佣与被雇佣关系，还应是和谐、共同发展的"友谊关系"。维系这种"友谊"的纽带就是企业要给员工一种"企业就是家"的感觉。

企业管理者把员工当作自己的亲人一样看待，在一种融洽的合作气氛中，让员工自主发挥才干为企业贡献自己最大的力量，创造最好的效益。

张瑞敏在接受《中国经营报》的记者采访时曾说到自己的管理体会："我到海尔以前（1984 年前）在青岛市家电公司工作，再往前是在工厂。我是老三届，毕业之后就进入工厂，从工人开始做起（1968年进厂）。我当时对管理根本就没什么认识，现在回想起来，那时体验最深的是，上下级之间最大的问题就是没有一种信任感。其实在我自己做了管理者之后，我想最重要的就是'被管理者最需要管理者对他的信任，反过来说，管理者其实也非常需要被管理者对他的信任'。

"当时，有一件事给我印象非常深，感触也很深。那时全国在搞一个'推广华罗庚的优选法'运动，全国搞这么一个运动，宣传推广、办学习班，之后又要贯彻、学习，还要有成果。工人那时对'推广'感到很新鲜，有的也想在实践中搞一些，但它并不是一个可以立竿见影的东西。由于当时上级要求'必须马上出成果'，结果贯彻没几天就开始统计'成果'了，后来还组成了一个锣鼓队到车间里去宣传有多少多少项成果。当时工人就感到（上级）像演戏、开玩笑一样。

"从这件事联想到其他事上，结论就是：'所有干的事都可能是假的。'被管理者和管理者建立不起信任，所以就是一级糊弄一级。在我到冰箱厂之后，在这点上我就非常注意了。我要求'你管理的、吩咐的事情，如果你做不到就不要说；能够做到什么程度你就说到什么程度，或者说你说到什么程度就必须做到什么程度'。"

海尔讲究对待员工要"三心换一心"：解决疾苦要热心，批评错误要诚心，做思想工作要知心，用这"三心"换来职工对企业的"铁心"。

海尔有一个运转体系，专门帮助职工及时解决生活上的实际困难。公司组织了许多员工自救自助形式的援助队，员工人手一册《排忧解难本》，如有困难，只要填一张卡或打一个电话，排忧解难小组会随时派人解决。在海尔，这被称作"上班满负荷，下班减负荷"的排忧解难工程。

工人肖同山 1994 年 5 月 4 日患脑出血住进医院，不巧他母亲也病卧在家，还有一个两岁多的小孩，他妻子一个人要顾三头，无论如何也应付不了。正在万般无奈之时，海尔从生产一线抽调人昼夜 24 小时护理他，让他妻子安心回家照顾公婆和小孩。领导和同事还送去了钱和食品，不断到医院和家中探望。他妻子不禁写信给公司讲出了心里话：

"我从没想到丈夫的病能够牵动公司上下那么多的人，因为他只是一个普通员工，对单位还没做出什么贡献。他受到这样无微不至的关怀，不仅让我感动不已，也让病房其他病人羡慕不已。大家都说，在市场经济的冲击下，人间的这种真情已经不太多了。肖同山出院返回单位该怎样干，我们心里都很明白。"

孟庆祥原是海尔冷柜公司三车间的运输工，他自小不幸成为聋哑人。1994年6月父亲突然去世，孟庆祥是家中的独子，要料理父亲的后事。可他一个聋哑人，又能如何料理呢？看看床上年老多病的母亲，再看看同是聋哑人的妻子以及年幼的女儿，孟庆祥茫然不知所措。要独自处理好这一大摊事，对孟庆祥来说，真比登天还难。

孟庆祥正在犯愁时，厂里来人了。当时的车间主任苏恒君、厂工会委员钟华、班长郑庆国等全来了，带来了全体员工的慰问。由于情况特殊，时间紧急，苏恒君等人一手包办了丧事，办得井井有条。目睹眼前的一切，孟庆祥一家激动得泪水不止，老母亲不住地给孟庆祥比划着："儿啊，你可得好好地工作！"

一位名叫姜鹏喜的出租车司机也讲出了他的故事。

他是一名海尔人的家属，从他妻子那里感受到海尔人的能干、肯干，企业的向心力极强。可他不明白这一切动力从何而来。有一次他妻子拿回一本厂里发的《排忧解难本》，说这是企业为员工办的好事。

他心里想：凭这小本子就能排忧解难？现在哪个单位不是多一事不如少一事，谁愿管闲事呢？可后来他家遇上一场暴雨，屋顶漏了，准备找个维修队，跟妻子一商量，妻子说不用，有排忧解难小组。没想到第二天上午排忧解难小组的师傅就来了，像在自己家干活一样，半天时间就修好了多年失修的老房子，姜鹏喜只付了点材料费，感动得一句话都说不出。

经历了这件事，他对海尔彻底服了气。他投书《海尔人》，说："得人心者得天下。海尔凭着对用户的厚爱赢得了市场，而企业解除了员工的后顾之忧，员工都全身心地投入到工作中，我真正理解了妻子上班不肯迟到一秒的原因。"

张瑞敏读后批示："这篇小文情真意切，很感人，值得一阅。字里行间给了我们一个启迪：想要员工心里有企业，你的心里就必须时时刻刻惦记着员工。要让员工爱企业，企业就首先要爱员工。因此，我们每一个单位都应进一步完善类似排忧解难这一类的措施，并持之以恒，不流于形式。如果能使每一个海尔人都愿奉献自己的爱给海尔，那么还有什么力量能阻挡我们前进的步伐！"

从1997年3月开始，海尔组织一批批海尔员工亲属参观海尔园，让他们亲身感受海尔的工作环境，对自己的亲属在这里工作感到放心和自豪，对一些亲属平时加班多、干家务少也多几分理解和支持。海尔员工说，让"大后方"上"前线"看看，就能稳定他们的思想。

"严是带兵之道，情是带兵之本"，带兵需要真情，这样的管理才有更多的人情味与更大的凝聚力。中华民族有着"报恩"的传统美德，"受人之恩，终身必报"，"滴水之恩，涌泉相报"。企业家关心爱护员工，员工肯定会给予足够的感激和报答。企业家越是关心、爱护员工，员工们越会更加拼命地为企业效力。

"爱出者爱返，福往者福来。"给人以爱，赐人以福，而最终爱心和福祉又都会回到企业身边，何乐而不为？

下命令做指示时不强制

企业管理者担负着实现企业目标的任务，为了完成任务，他被赋予一种强制别人的力量，这个力量就是权力。它可以用作指示、指导，也可用以纠正过失。虽然如此，但如果太仰仗权力，不管什么事都采取强硬手段来压制下属，口口声声说："我说这么做就这么做。"不厌其烦地一再向人们显示自己的权力，则不能使下属信服。要知道权力并不是万能的钥匙，你不用多表现，大家也知道你是领导。如果你经常把权力当作羊倌儿手中的鞭子使用，就会像不可一世的秦始皇，不会收到好的结果，终受其累。

太阳和北风打赌，看谁能先让行人把大衣脱去。于是太阳用它温暖的光轻而易举地使人们脱下大衣；而北风使劲地吹，反而使行人的大衣裹得更紧。

太阳与北风的故事，向我们说明了这样一个道理：对下属要像太阳那样，用温暖去感化他们，使他们自觉地敞开心扉；如果像北风那样使劲地吹，一味地强制逼压，反而会使他们始终对领导心存戒备。

领导者大多数是富有经验，而且非常优秀的人。所以，照他的命令去做，一般情况下是没什么错误的。可是如果总是强制命令下属做某事，就会使下属产生一些不满，令人感到压抑，而不能从心底产生共鸣，同时也变成因为没法子，而出现"好吧，跟着你走吧"这样的局面。这种情况下，员工不可能有真正好的点子，产生真正的力量。所以在管理下属时，领导者应尽量避免强制地驾驭他人。从管理角度来讲，威胁和严厉的警告能够保证工作水准，但问题是，在日常工作中有时这样行不通。领导刚转过脸去，大家又我行我素了。在可能的情况下，最好避免强制员工。

亚太公司的员工们感到他们的管理者和公司在发生着某种变化，在变化之初，他们曾经带着迷惑，甚至有些不太习惯。

亚太公司属于那种一切都很平常的公司，员工们领着一份不算丰厚，但也说得过去的薪水；做着不很轻松，但也没什么压力的工作。一切都平平淡淡，员工们也似乎并没有什么期望，没有期望大的改变或什么更有意义的事情。也许他们曾经有过这种想法，但现在这种想法已很微弱了。

一天，管理者召集员工们开会，他向大家宣布：公司将采取某种改变，我们检讨，公司以前并没有给予大家充分的信任与空间，而我们即将要采取措施来改变这种情况。公司相信每一位员工都有独立完成工作的愿望和能力，而不是接受一份十分具体的任务。我们要求主管们做的，正是由后一种分派任务的方式转向前一种放手让大家独立探索的问题的解决方式。

员工们清清楚楚地听见了管理者的每一句话，尽管他们表面上无动于衷，但内心早已心潮澎湃，难以掩饰。然而，他们仍在犹豫：真的会这样吗？此后，管理者再向他们分派工作时，就不再说"只要照着我告诉你的话去做就可以了"，而是在告诉他们"事情是什么"之后就不再过问，只是约定每两周的周五下午，员工团队的小头目应该来谈一下事情的进展情况。

一开始，员工们并不敢按自己的意愿去做，因为以前不是这样的，他们甚至感到有些手足无措。最初的几次，有的员工们会犹豫不决地敲开主管办公室的门，就一件工作的细节问题向主管请示，主管总是微笑着说："我相信你自己能解决它，请做出最好的选择。"或者说："让你的工作小组来讨论决定吧，相信大家能得出完美的结果。"

员工走出管理者办公室的门时，内心有一种激动，他感受到了被信任，而这种感觉无疑让人产生动力；他感受到了挑战，这让他有一种冲动，他要把这件工作做到最好，来回报管理者的这份信任。这时，员工们才发现，长期以来在公司里少了些什么，以前，他们总不知道到底少了什么，而现在，他们找到了，那就是实现自己梦想的挑战。而在此之前，他们隐隐约约一直在渴望的，也正是这样一种感觉。

对管理者来说，要真正从内心相信员工们能做好这件事，就要把整个事情托付给对方，同时交付足够的权力让他做必要的决定。经营之神松下幸之助说过："最成功的统御管理是让人乐于拼命而无怨无悔。"这显然不是靠强制，而只能靠信任。松下幸之助自从创立松下电器公司以来，始终是站在领导者的地位。但在此以前，他也曾经站在被人领导的立场，所以下属的心情，多半能够察知。由于自己有过这样的体验，所以在下命令或做指示时，也都尽量不采取强制驭人的管理方式。

关心员工的家人，获取员工的支持

与员工的家人建立起良好的人际关系，积极走进员工的工作和生活中去，与其家人多交流，了解他们的喜怒哀乐，了解他们的所思、所为、所急，这是管理者获得员工支持的重要途径。

日本的西浓运输公司，在企业内部设立了一个特殊的假日：日本公司员工的妻子过生日时，该员工可以享受有薪假一天，来陪伴他的太太共度爱妻诞辰。当然，员工本人生日，也享有有薪假一天的权利，让夫妻共度良日。近来，公司又规定：员工每年的结婚纪念日可以享受有薪假一天。自从有了这几个规定之后，大家为感谢公司的关怀，都非常卖力地干活，更重要的是让员工的妻子认识到了这是一个能够理解人的、有人情味的公司。妻子们常常鼓励，甚至下令她们的先生："效忠公司，不得有误！"这比老板的命令更为有效，公司因此获益匪浅。

利用下属的家属做好下属的思想工作，比起上司亲自做工作省心多了，上司的批评可能会使员工产生抵触情绪，而自己的家人批评就会心平气和地接受。这就是"让对方的家人站在自己一边"的公关的精髓所在。关心下属的家属就会减轻下属的顾虑，使得下属以公司为家，能够更好地为企业效力。

据说有一天，一个急得嘴角起泡的青年找到美国钢铁大王卡内基，说是妻子和儿子因为家乡房屋拆迁而失去了住处，要请假回家安排一下。因为当时业务很忙，人手较少，卡内基不想放他走，就说了一通"个人的事再大也是小事，集体的事再小也是大事"之类的道理来安慰他，让他安心工作，不料这位青年被气哭了。他气愤地说："在你们眼里是小事，可在我是天大的事。我妻儿都没住处了，你还让我安心工作？"卡内基被这番话震住了。他立刻向这位下属道了歉，不但准了他的假，还亲自到这位青年家中去探望了一番。

家庭幸福和睦、生活宽松富裕无疑是下属干好工作的保障。如果下属家里出了事情，或者生活很拮据，上司却视而不见，那么对下属再好的赞美也无异于假惺惺。利用对下属亲人的关心，可以使下属感到上司的平易近人和关心爱护，从而将企业当作自己的家。

人是有感情的动物，感情因素往往影响到人才对公司的印象，影响到人才的忠诚度。因此，企业应对核心人才实施无微不至的亲情化管理，就像长辈对待自己的小孩一样，悉心照料、精心培育，而受惠的核心人才也会知恩图报。企业要关心核心人才的家庭生活状况，要尽力帮助核心人才达到工作和家庭的相互平衡。3M 公司在这方面就做得非常成功。为了方便员工处理一些生活事务，公司将一部分场所租给了银行、洗衣店、汽修公司、旅游公司等服务性企业。这样，公司员工就可以很方便地干完"私事"，从而有更多的时间、更集中的精力从事工作。3M 公司还邀请员工的家庭成员参加高层员工的培训，向他们解释这些员工工作的艰辛，并希望得到他们的理解和支持。这些措施促进了核心人才个人乃至其家庭对企业的忠诚。

关心下属的家人，和下属的家人打成一片，不仅能够显示领导者的人情味，拉近与下属的距离，获得支持，而且还会因为管理者的穿针引线作用，组织内成员之间也会较为容易地建立良好的人际关系，使企业上下同心协力，增强组织的凝聚力。而要想让下属的家人站在自己的一边，需要做到以下几点：

第一，要摸清下属的基本情况。

上司要时常与下属谈心，关心他们的生活状况，对生活较为困难的下属的个人和家庭情况要心中有数，要随时了解下属的情况，要把握下属后顾之忧的核心所在，以便于对症下药。

第二，上司对下属的关心必须出于一片真心。

上司必须从事实出发，实实在在，诚心诚意，设身处地地为下属着想，要体贴下属，关怀下属，真正地为他们排忧解难。

尤其是要把握好几个重要时机：当重要下属出差公干时，要帮助安排好其家属子女的生活，必要时要指派专人负责联系，不让下属牵挂；当下属生病时，上司要及时前往探望，要适当减轻其工作负荷，让下属及时得到治疗；当下属的家庭遭到不幸时，上司要代表组织予以救济，要及时伸出援助之手，缓解其不幸造成的损失。

第三，上司对下属的帮助也要量力而行，不要开不能兑现的空头支票。

上司在帮助下属克服困难时要本着实际的原则，在力所能及的范围内进行。帮助可以是精神上的抚慰，也可以是物质上的救助，但要在公司财力所能承受的范围内进行。

将"这是自家事"的精神灌输给员工

管理大师德鲁克在《管理未来》中说过这样的话："管理者的终极任务就是要引导出员工的工作热情和希望。"德鲁克认为，管理者承担着激励员工的使命，他们必须学会激发下属工作热情的方法，使之心甘情愿地为实现组织目标而努力奋斗。

在管理实践中，激发员工工作热情最有效的方法就是给员工主人翁的感觉。一个人要干好工作必须要有奋发进取、爱岗敬业、无私奉献的忘我牺牲精神，归根到底就是主人翁精神。聪明的管理者们都明白，只有采取一定的措施激发员工的主人翁精神，才能克服单纯的雇佣思想，使员工把公司的事当成自己的事来做，关心公司的事胜过关心家事，才能变"要我干"为"我要干"。因此他们采取相应的措施，让员工成为企业的核心、主人，这样一来就成功地对员工进行了"洗脑"，洗来了员工的向心力、凝聚力。当员工把企业的事当作自己的事的时候，他们才能具备高涨的工作热情并不断创新观念，自愿与公司同甘苦共患难。

然而很多管理者都有一个致命的错误，就是总是把员工当作企业的生产工具，认为员工是企业有偿雇佣过来的，业绩优异则重用，业绩平庸则淘汰。殊不知，这会让员工渐渐地与企业和管理者疏远，时刻抱着一种为企业而非为自己工作的心态，这对企业的发展尤为不利。聪明的管理者往往不是这样，他们会把员工当成自己人一样看待，认为员工是企业的一分子，不可或缺。这样，也更容易获得员工的心。

下面这个例子能充分说明让员工做企业主人的聚拢人心的作用。

联想集团前董事局主席柳传志出席"2002 年美国管理学年会"时，谈到联想集团的管理情况，指出联想集团学会了做"三件事"。第一件事是学会制定战略，第二件事是学会带队伍，第三件事是建班子。而要带好队伍，对于员工的激励是不可或缺的。

联想集团对员工，尤其是对骨干员工有很好的激励方式。联想集团花了 8 年时间实现了股份制改造，成立了员工持股会，使得创业者和骨干员工有了 35% 的股份。虽然这在美国是件再普通不过的事情，然而在中国是件非常了不起的事。这对联想集团创业者和公司的骨干员工有着极大的凝聚激励作用。

联想让自己的员工持有股份，这样一来，对员工们来说，工作就不再是为别人打工而是为自己的联想工作。这样，他们的主人翁精神就被激发出来。当一个人真正把自己当成主人的时候，家里还有哪件事情不是自己分内的事情呢？做自己分内的事情还需要有人提示、监督吗?

由此可见,管理者要想让员工更好地为企业服务,就应该通过满足员工的主人翁精神。作为管理者,不应把员工看作公司的螺丝钉,而应把员工当作公司的合伙人,为员工提供服务,把员工视为企业的合作伙伴,这是员工最希望得到的关系。这种有效的方式,能实现"双赢"。把员工视为企业的合作伙伴,就能增加相互的协作,这样不仅员工能迅速成长,为企业带来的效益也是巨大的。

留点空间让下属自己去思考

作为管理者,当下属遇到问题不能解决时,你不妨结合自己的经验告诉他们一些方法,这样会使你的下属对你充满感激。我们可以告诉他:"如果是我,我将……你呢?"以类似的做法来指导下属,不但可保持自己的立场,也可将意见自然地传达给下属。甚至下属极可能会认为管理者是站在自己的立场上考虑问题。这样,管理者说服的目的便达到了。

假如管理者将自己的方法强加给下属,那么你的下属除了服从,将无所适从。另外,对下属而言,只要服从管理者的指示,自己根本不必费脑筋思考,反倒轻松。然而,事实上,管理者直接说出自己的方法,无法让下属真正学到工作的实际技巧。如果管理者能够指出多种方法,让下属自己有机会加以思考,下属一方面会认为管理者是看重自己,另一方面则将提高对上司的信赖感。

在对下属的工作进行必要指导时,必须注意说话的方法、语气可能给下属带来的心理影响。例如，可强调：先考虑对方的立场，让对方了解我们的利益也就是他们的利益。如此指导工作就可事半功倍，何乐而不为呢？

众所周知，演讲与讲课是不同的。在大学讲课，主要任务在于传授知识，只要有知识，人人均可以上讲台。然而，演讲则不然，为了使自己的思想能与听众沟通，必须"制造"刺激。换言之，就是在他们想学习的心态上点燃学习的火花。

每一次与别人交往，人们都有这种感觉，即与人对话并不难，难的是要使对方理解自己所说的意思。就是说，要让对方用耳倾听并不难，要让对方用心思考则不是易事。在教导他人时，必须划清二者的界限，才能达到预期的效果。

有的领导者面对犯了错误的员工或下属时，就很难将上述两者予以分清，往往会直接把自己的全部知识和想法告诉对方。例如向他们指出：过失的原因在于此时此地发生此事，经由某作用，而产生某影响，所以我们应该如何做。如此就变成讲课了。话虽然进入对方脑中，但却不是对方切身需要的东西，因此无法吸收，甚至容易将之遗忘。

要解决这些问题，最好的办法就是明确地指出他的过失所在，但是上司最好不要教导下属如何去做，以及怎样防止问题再度产生和追究过失。

让对方有自我思考的余地。而当对方能自己思考，却又无计可施时，自然会发问："这里该怎么办？"此时再给予适当的意见，才是最合乎实际的指导方法。

许多管理者为了提高工作效率，往往希望以最简单的方式将知识传达给下属，而不让下属自己去思考。如此将无法培养出优秀的下属。

这一点，管理者必须提高警惕。

第四章

从"心"激励，打造无敌执行力

执行力在批评下萎缩，在鼓励下绽放

现在，市场竞争变得越来越激烈，利润的空间也在不断压缩。在这种大环境下，企业之间或者企业内部的竞争压力日益严峻。企业需要有执行力的团队，团队需要有干劲的成员，只有这样才能抵抗住外界的压力。那么如何激发员工的干劲，提高团队的执行力呢？

以员工的内心为出发点，从满足员工的心理需求进行激励，可以有效地提高干劲，提升团队执行力。

现代社会的竞争越来越激烈，激励已经逐渐成为管理者的首要职能，也是调动员工积极性的最佳方式之一。以激励的方式鼓舞员工，或者以激励的方式让缺乏自信的属下认识到自己的优势，最终创造出优秀的执行力获得效益，这是管理的真正价值所在。

在现代企业管理中，想要提高员工的士气，或者激发员工的执行力，"激励"通常是最好的催化剂。通过激励，可以让一个人重获信心，也能够让一个团队充满动力。以适当的激励方式来调动员工的积极性，创造良好的执行力，有助于实现企业的最终目标。例如很多企业在运营低谷的时候，员工会对工作丧失积极性，感觉自己的工作已没有太大意义进而执行力下降，在这个时候通过激励可以让员工可以重拾干劲，能够让员工重新找回工作的积极性和动力。

保罗·范尔曼是锐步国际公司董事长，当时各大运动品牌在争夺消费市场的时候，锐步由于广告投入的原因导致销售额出现下滑，这种业绩下滑带来的负面影响迅速在整个公司蔓延开来。销售部门和推广部门都对自己的工作能力和决策产生了怀疑，甚至很多年轻的员工怀疑自己不适合锐步，跳槽的现象也屡见不鲜。

保罗·范尔曼认为此时极需提高整个公司的士气，因此他作了一个极大胆的承诺，他将带领锐步公司在两年内业绩超过耐克公司。他表现出愿意冒风险的态度，并且鼓励员工们也这么做。于是保罗·范尔曼成立了一个产品创新计划部门，并支付大笔的经费，他发誓将不计代价——真的不计代价——雇请世上最伟大的运动员作为锐步公司的发言人。范尔曼一天二十四小时，无时无刻不活在全新的锐步远景中，无论他的属下有什么样的创意，只要合理，保罗·范尔曼就给予鼓励并且第一时间支持其实现创意，而且把这个创意赢得的成效尽快在整个公司公布出来以激励更多员工，告诉他们，他们做的每一项工作都是正确而有效的。这样的做法很快在公司内产生了裂变式的激发效果，当一个个员工看到保罗的实验付诸行动并且看到自己的工作创造出效益的时候，斗志开始高昂，工作的热情也被点燃。仅仅一个月的时间，锐步的整体运作又回到从前的样子，高效的执行力上至下达，再创运动品牌的超高销售额。

范尔曼说道："在低谷的时候只有不停地洗脑才能让人走出低谷，洗脑的方式就是激励，我不认为这一类的事可以通过命令指挥别人说：'前进啊！完成这件事吧！'这样是行不通的。你必须花时间告诉你的属下他们是最棒的，这样他们才会重拾信心去执行你甚至是狂妄的念头。所有人不愿意去执行的原因只有一个，就是他们认为这样做没有意义，激励他们，把他们创造的意义摆在他们面前，你只能用激励的方式给他们洗脑才能创造出他们的执行力。"

这个事例是锐步"激励创造执行力"的经典案例,在锐步企业内部因为情绪低谷影响执行力的时候,保罗·范尔曼无须威胁、收买或利诱他的部属,因为他用的是激励的方法,他使用非常有逻辑的激励方式给属下以及员工进行洗脑创造执行力。首先做出超过耐克的承诺,这是以自己的态度激励员工;其次成立新的部门支持每一个人的创意,这是以实际的公司财力激励属下;最后一旦创意取得成效,在全公司进行公布,这是以有效成果激励所有的锐步员工。每一步都让员工了解到只要执行去做,锐步依旧能够创造辉煌。当这种激励的方式从保罗个人到新部门再到整个公司的时候,全部的人都因保罗的激励改变了之前因为业绩下滑而低落的心态,从而由部门到员工创造了高效的执行力,让锐步再次活跃,走出低谷。

执行力会在批评下萎缩,在鼓励下绽放花朵,因此要诚恳地认同和慷慨地激励,这样才能激发干劲,创造良好的执行力。如果一个员工的执行力下降,通常并不是他的能力降低,而是内心被某些因素困扰,导致怀疑自己执行的意义。这个时候最好使用激励的形式进行管理,在赞美、鼓舞、激励的同时,帮助对方发挥潜能,从而使其走向成功。

满足下属对工作成就感的追求

德鲁克说:要让人才从工作中获得比薪水更多的满足,他们尤其看重挑战。德鲁克认为,现实生活中往往有一些人,他们只想享受工作的好处,拒绝承担工作的责任或不愿为工作付出,那么结果只能和自己的目标南辕北辙,永远也无法得到自己想要的成功和幸福。同时,也有这样的一群人：他们乐于追求工作的挑战，他们对工作成就感的追求重于对薪水及名誉的关注。

有这样一个中国女孩子，她年轻、漂亮、聪明，在与哈佛、耶鲁齐名的美国常春藤联盟之一的达特茅斯大学经济系度过了四年的留学生活后，经过紧张的面试，如愿加入了美国两大投资银行中的摩根士丹利银行，得到了一份较时髦、薪水较高的工作。

她工作做得很好，得到上司、同事和客户的一致赞扬，于是就不停地被分配到项目，经常是手上有四五个项目同时进行。作为优秀员工，她甚至可以自己挑选项目。作为分析师职别里的唯一一个中国人，她被所有美国人接受和喜欢，并且她所在的部门竟把她作为榜样又陆续雇用了很多中国人。

她拥有的是一份旁人眼中的理想工作，她过的是一种别人看来幸福的生活。然而这只是硬币的一面——光鲜的一面，出色表现的背后，是不为人知的辛劳。在纽约的两年，是这个女孩子一生中的黄金年龄，而她的生活中除了工作便再也没有其他内容了。回想起在纽约工作的两年，她用"疯狂"这个词来形容。为了做好工作，她特意把住所安排在离公司很近的地方，走路两三分钟就能到。

刚开始的半年多时间，她经常是通宵工作之后回家洗个澡换身衣服，然后继续回去上班，每天平均只睡两三个小时。白天累极了就趴在桌子上小睡十分钟，然后又盯着计算机继续工作，参加小组会议，与客户见面。长时间的用眼过度使她的一只眼睛严重发炎，肿得像个红灯笼，而她就包起那只眼睛，让另一只眼独自承担观察财经风云瞬息万变的任务……

在别人眼里，也许会认为她的付出是值得的，出色的工作为她带来了丰厚的回报：在全世界一流的公司获得难得的实践经验，也可以和全球最有权势、最优秀的商业巨头打交道，更可以随意买下昂贵的名牌服装，还可随意出入世界各地的高级场所。对于付出与回报的理解，她认为，最重要的并不是金钱和荣誉，而是这段工作经历带来的成就感。她曾与几个美国同事做了一整年的英国石油和美国阿莫科石油公司的合并项目，这个项目让她感到极其自豪，因为那是全世界最大的五个合并项目之一。

这个女孩就是凤凰卫视著名财经节目主持人曾子墨，上述种种就是她进入凤凰卫视之前在纽约的工作经历。现在，转换轨道的她表现依旧卓越。在新的工作中，她依然获得了耀眼的业绩，但她同时也要面对新的工作带来的压力和辛劳。支撑旁人眼中理想工作、幸福人生的是对卓越的不懈追求。从挑战性的工作中不断收获成就感，这就是曾子墨的工作秘诀。

从曾子墨的工作追求中就可看出工作成就感是优秀人才高效工作的动力之源。管理者应该从中得到重要的管理启示：要想使下属高效工作，就要满足下属对工作成就感的追求。这是获得卓越管理必须遵守的一条重要法则。一般而言，越是优秀的人越喜欢接受挑战性的工作。因此，管理者要善于委派挑战性工作于最为优秀的人才，这样做不仅使人才易于获得成就感，也能使管理工作实现真正的高效。

让激励高于期待

有这样一个小寓言故事：

一只小野鸡由于在山上贪玩，直到黄昏的时候才想到该下山了，但是它已没办法分辨出回家的路了，最后只能深一脚、浅一脚地凭借着自己的感觉向山下走去。天越来越黑了，小野鸡一边懊悔一边担心，结果一不小心，从山上滚了下去，幸好被山上的树枝卡住了身体，得以保住了自己的一条命。

挂到树枝上后，小野鸡的脑袋开始天旋地转起来，它不敢向下看，因为下面是万丈深渊；它也不敢往上看，因为它没胆量回想自己失足的情景。小野鸡知道树杈虽然救了自己的命，但是它也有随时被压断的可能性，所以它只能一动不动，靠祈祷来度过这段让它感到无助的时光。

就在这时，一只刚刚饱餐一顿的黑雕飞了过来，它一眼就看到了挂在树杈上的小野鸡。看着小野鸡可怜的样子，黑雕动了恻隐之心，于是它飞快地飞到了小野鸡的面前。见到黑雕后小野鸡非常害怕，心想："没想到没摔个粉身碎骨，却要成为黑雕的夜宵了！"

但当它看到黑雕没有扑向自己，反而用和善的目光看着自己时，它意识到自己的救星来了，于是赶忙向黑雕求救道："黑雕先生，求求你一定要救我一命，我一定会报答您的大恩大德！"听了小野鸡的话，原本正要飞过去救它的黑雕心里琢磨："它说要报答我，我本来也没想要报答呀！不过看看它要报答我什么吧！"于是它忽闪着翅膀，停在了半空中。

小野鸡偷偷看了看黑雕的表情，发现黑雕并没有要过来救自己的意思，于是又忙说道："您要是救了我，我就抓 50 只野鸡送给您！"说完后，它又偷偷看了黑雕一眼，黑雕一听，心里开始怀疑："就凭你一个小野鸡，能给我抓 50 只野鸡？"于是它继续思考。

见黑雕还是面无表情地停在半空中，小野鸡心里开始发慌了，它心想："黑雕飞过来就是救我的呀！但是它为什么迟迟没有动静呢？难道是我给它许下的承诺太少了吗？"于是它一脸无奈地又恳求道："黑雕先生，您想要什么？条件由您来提，只要您能救我的命，什么条件我都能答应您。"

听小野鸡这样说，黑雕觉得很好笑，于是笑了笑说："我想吃大灰狼的肉，你能帮我捉一只来吗？"小野鸡听到这里，想也不想就说道："没问题，那么您现在救我吧，过两天我把一只活着的大灰狼抬到您的家里让您尝尝鲜。"

听到这里，黑雕彻底失去了救它的心情，心想："与其听你在这儿信口开河，我还不如回去睡会儿觉。"于是一展翅膀，转身飞走了。望着黑雕远去的背影，小野鸡困惑不解，它不知道黑雕为什么改变了主意。

这个寓言带来的管理启示是，企业领导者不要因为激励而无限制地提升员工对激励的期望。小野鸡就好像企业领导者，黑雕就是企业的员工。领导者为了企业目标的实现就对员工进行天马行空式的承诺，完全不考虑自己的能力范围，许下承诺后就把它忘在了脑后，最后不了了之。

员工因为领导的承诺而对奖励抱有很大的期望，并随着不能得到而使工作情绪陷入最低谷。在员工的"一升一降"之间，企业管理者就失去了公信力，为日后企业的发展埋下隐患。

未能实现诺言，终究会失去员工的信任。优秀的企业管理者在激励员工时，从来不是从个人的意愿出发，而是从员工的期望出发，使激励既不低于员工的期望，也不冒着增加企业成本的风险而超过员工的期望。对于员工来说，只要符合自己的期望，他们就会感到满足。

对失去积极性的员工以权威需求满足

职场上，很多人缺乏执行力是因为长时间担任同一个职位，他们感觉这个职位不需要太过专注和用心就能完成所有任务，自己能够轻松胜任。这个时候给他一种新的权威，或者说给他更大的权力和职位往往能够提高其执行力。人们常说权力越大职责就越大，给对方一种权威让对方再兴奋起来，而伴随权力的责任和压力同时能激发出对方的执行力，这是一种高层领导经常使用的管理方式。

在当今的用人管理中，"给对方一种权威"非常接近于"升职"。每一个人在面对更高职位的时候，通常都表现出非常的狂热，这是人性之中对权力和威望的渴望。例如，公司里有几个小组表现平平，小组成员在组长的带领下没有干劲甚至执行力差，这时候如果公司提出一段时间后将会在几个组长中挑选一个担任办公室主任，这种对"升职"的渴望会马上让组长们兴奋起来，每个组长为了表现自己获得升职会充满干劲。

汉高祖刘邦早在沛县见到秦始皇东游路过之时"百人开道，净街闭户"，发出感慨：大丈夫当如此也！虽然当时刘邦仅仅是一个亭长，但是也感觉到大丈夫像这个样子才不枉此生。后期攻破咸阳，作为西楚霸王的项羽将刘邦分配到巴蜀，从咸阳坝上到巴蜀路途遥远，手下将领如樊哙、卢绾、曹参等大将所带的兵皆有逃走的现象，等到了巴蜀，部队士气低落，手下大将都认为自己作为将军在巴蜀已经无用武之地，而且带兵多年游刃有余，所以毫无干劲、军纪松散。每当刘邦让将军们练兵，部下将军就会说："都来这鬼地方了，练兵有啥用？"所以执行力非常差。

刘邦深知现在还不是告知所有人一统天下宏志的时候，想给军队洗脑，重整军队士气，首先就要给手下这些将军洗脑，激发出他们的干劲。刘邦智囊张良出一计：拜大将军。当这个消息传到樊哙营中，正在喝酒的樊哙把酒坛一摔喊道："告诉全营每一个管事的，明天开始操练了。"消息到卢绾营中时，午睡的卢绾"腾"一下从床上跳起来说道："明天开始练兵，违令者斩。"当时夏侯婴负责刘邦的近卫军，虽然夏侯婴无意大将军职位，但是也吩咐部下严正以待。第二天起，几乎每个大营都开始恢复往日的操练。

刘邦激发将军干劲的洗脑术并没有到此就结束，在告知"拜大将军"的决定后，刘邦每日两次巡营，这就使得众将军更加卖力。而且刘邦和每个将军都讨论"大将军"的职责和条件，让每个将军都感觉自己有希望但是还需要更加努力，于是他们就更有干劲了。

刘邦使用"拜大将军"的名义对部下进行管理，这种更高的权力职位激发了樊哙和卢绾等人的干劲，而且在之后刘邦还每天两次巡营以及找各个将领私下谈话，让他们每个人都以为自己有机会获得"大将军"一职。做大将军需要拥有更强的能力和承担更大的责任，这就促进了将领们练兵统兵的干劲。

获得权威感，这是人类的一种天性。在现实生活中，没有太多大将军的封号可拜，但是利用每一个人都热衷权威的心态，即使将这种权威虚化也会达到很好的效果。

当对方在同一个职位确实能够游刃有余的时候，他现有的权威已经满足不了内心，就会出现没有干劲和执行力下降的现象。这时候，作为管理者，可恰好利用这种"权威需求"来激励对方，如此一来，往往就会激发出对方的潜力和执行力。

金钱激励，员工更喜欢实实在在的东西

表扬、赞美或是鼓励，这些都是行之有效的激励方法，但就人的本性而言，更多的员工喜欢实实在在的物质激励，比如直接用金钱来激励员工就是一个不错的方式。许多情况下，领导对下属最有效的激励方法就是使用金钱，更为贴切地说是奖金。让属下明白该怎样做或者做到什么样的程度，自己能够得到丰厚的奖金是一个行之有效的激励手段，正所谓"重赏之下必有勇夫"，一般来说，在奖金这种超额劳动报酬的激励之下，员工都会被激发出积极向上的干劲。

艾玛是一家服装销售店的经理，每个季度她都给店里的服务员做计划任务，服务员底薪1500，销售提成是15%，例如第一季度销售额达到30000元，才能获得月均3000元的工资，如果销售额不够，那么在第三个月就会在工资里按百分比进行扣除，如果超额就按照百分比加工资。随着时间一长，艾玛看到店里的销售员都在以30000元作为自己的季度目标，干劲十足地工作着。但是服装销售是有淡旺季的，艾玛发觉在淡季的时候，因为完成30000元的任务比较困难，所以员工的干劲比较大也比较持久，很多员工到最后一天也不放弃努力。但是在旺季的时候完成任务相对简单，很多员工在前两个月就能完成任务，到第三个月的干劲便开始下降，甚至不着急销售开始磨洋工。于是，艾玛提出在旺

季超额的部分按照 20% 提成计算，新的奖金制度就完善了旺季的缺点，同时提高了员工的积极性。

我们仔细分析一下艾玛的"奖金"，员工以 30000 元为基准的话，在旺季确实影响销售，所以艾玛就提出，超过 30000 元的部分算是超额奖按照 20% 的提成计算。在这一新的制度下，员工在淡季一如既往，但是在旺季的时候，即使达到了 30000 元的销售额，干劲依旧不减，多出来的 5% 就是直接的金钱奖励。在唾手可得的金钱面前，所有的员工都将自己的热情和干劲发挥到极致，一年中的任何时间都会努力到最后。

很多管理者对于"奖金制度"的效果依旧不满意，觉得这种方法很容易因为额度的设定而达不到想要的效果。例如一个员工一个月的任务是销售 100 个零件，但是因为种种原因，大半个月过去了还未销售掉 50 个，这个时候，他就很可能会因为看清目标无法完成而在当月放弃，如此一来，"超额奖金"的激励方法就无效了。根据这样的情况，管理者可以提出新的方法——阶梯性奖金形式，把任务和奖金打散，依旧使用金钱激励员工。

我们紧接之前"艾玛的服装店管理案例"，如果在淡季，有员工感觉完成 30000 元的销售额依然有很大的压力，那么就会放弃淡季而把干劲都放在旺季，所以艾玛适合使用一个"阶梯奖金"的制度。

制度定为：无论淡季旺季，底薪 1500 元不变，基础提成从 10% 开始，每完成 5000 元的销售额，总提成增加 1%，也就是说当一个销售员的业绩分别达到 5000 元、10000 元、15000 元……他的提成将会变成 11%、12%、13%……看似变化了很多，其实依然是以 30000 元为门槛，当销售员的业绩达到 30000 元以上时，总提成是 16%，这比之前的超额以 20% 计算甚至奖金更高。即使因为某些原因达不到 30000 元，由于细化到 5000 元的各个档，销售人员也会以下一个阶梯为目标不断努力。如此一来，无形中使用"奖金阶梯"制度激励了员工的干劲。

以这种阶梯性质的奖金形式激励员工，重点在于"细化"这一环节，让对方感觉每迈出一步都有比前一步更加丰厚的金钱奖励。如此一来，无论达到一个什么样的程度，都能够激发出相应的干劲。

"超额奖金"无疑就是以金钱去激励员工销售干劲，非常现实、直接，但是也极为有效。用金钱激励员工的时候，一定要给对方一种想法：金钱就摆在你的面前，只要你努力就能拿到，而且金钱是拿不完的，拿多少完全取决于你自己。只要给员工这种心理思维，管理者完全可以减少督促的烦琐，只要员工还有一分力气并且想得到金钱，就会把自己最后一分干劲都拿出来。

以良好的"奖金制度"作为激励员工干劲的方法，在任何领域都是比较有效的，不过在激励员工的时候，金钱需要按照一定的规则来使用。管理并非悬赏，不是给的钱越多取得的效益就越大。管理学把金钱比作鱼饵，大把撒进湖里是钓不到鱼的，只有优秀的垂钓技术加上合适的鱼饵才能够钓到大鱼。其中垂钓技术就是指"奖金制度"，也就是说要用钱，也要看怎么用。在管理中运用优化的"奖金制度"才能激发出员工的干劲，才能把金钱用于创造效益之上。

"与众不同"，激发工作激情

人不是仅仅为了物质利益生活，每个人都有精神需求，有互相交流感情的需要。精神激励是从员工的精神需要出发，通过关心、尊重、信任等手段去满足员工各种精神上的需求，从而激发员工的工作热情，达到激励的效果。对于绝大多数人来说，投桃报李是人之常情，管理者用感情来打动员工，得到的回报就更强烈、更深沉、更长久，往往能得到金钱所不能达到的效果。

法国企业界有句名言："爱你的员工吧！他会百倍地爱你的企业。"索尼公司董事长盛田昭夫也说："一个日本公司最主要的使命是培养它同雇员之间的关系，在公司创造一种家庭式情感，即经理人员和所有雇员同甘苦、共命运的情感。"日本著名企业家岛川三部曾自豪地说："我经营管理的最大本领就是把工作家庭化和娱乐化。"

《日本工业的秘密》一书中，作者在总结日本企业高效益的原因时也指出："日本的企业仿佛就是一个大家庭，甚至是一个娱乐场所。日本企业所追求的就是这样一种境界。"精神激励法，是让员工有一种生死相许的"软投资"，管理者要在一点一滴中体现关爱，让员工因为满足而产生报恩的心。

有位老板接到一单大业务，客户要求必须在半天内把一批货搬到码头上去。任务相当重，而老板手下只有十几个伙计，半天之内很难完成。为了解决这个问题，老板苦思冥想一夜，第二天一早，他亲自下厨做饭。饭做好了，老板把饭给伙计盛好，而且还亲手捧到他们每人的手里。把饭给每个伙计时，老板脸上都摆出一副极有深意的表情。

一个姓刘的伙计率先接过饭碗，拿起筷子正要往嘴里吃时，一股诱人的香味儿扑鼻而来。他急忙用筷子戳开一个小眼儿，发现竟然有三块油光发亮的红烧肉躺在米饭下面。他终于明白了老板看自己时那意味深长的表情，于是立即转过身，狼吞虎咽地吃起来。

他一边吃一边想："老板真是看得起我，今天我一定要多出点力！"

于是那天干活的时候，他一改往日懒散，把货装得满满的，一趟又一趟来回飞奔，汗如雨下也顾不得擦。整个上午，其他伙计也都和他一样卖力，所以一天的活，只用一个上午就干完了。老板在旁边偷偷乐了起来。

老板为什么要单独在每个人碗底放红烧肉，而不是端在桌子上大家共分享呢？红烧肉单独放在每个人碗里产生的激励作用，与放在桌上共享的激励作用，究竟哪个会更大一些呢？很显然，故事中的老板这么做，意在激励每一个人，而那位老板的做法妙处在于，他让每个员工都感到这份激励只是针对自己，如果这碗红烧肉放在桌子上让大家去夹着吃，那大家就不会如此感激老板了。

正面想一想，老板的这种精明其实也是一种很用心的精神激励手法。对于管理人员来说，怎样让大家吃红烧肉而且吃得有劲头，是个永恒的且常新的话题。

作为员工，每个人都渴望得到精神激励，在获得有效激励的时候，他们都会因为这种激励而产生自豪感、成就感。从表面上看，老板给了所有员工三块儿红烧肉作为物质激励，但是事实上，老板给予员工的是精神上的激励，这种激励使员工意识到自己"与众不同"，为了感激老板的青睐，他们自然会认真卖命，愿意"士为知己者死"了。

所以说，如果你是这样一位管理者，就要用良好的工作环境传达关爱之情，有亲自为员工端茶倒水的思想，抓住给员工雪中送炭的时机，了解员工的真正生活。要知道，无薪的精神激励更能体现出管理者的领导能力和企业管理水平。

庆祝，给员工一剂"兴奋剂"

没有什么比一场胜利更值得庆祝，也没有什么比一场庆祝更能激励下一场胜利。在企业或者团队的管理中，面对因为长期压力而没有取得成果造成的情绪低落或者执行力下降，优秀的管理者喜欢用一场庆祝活动来为员工打气。庆祝活动中对已取得成就的赞扬和活动本身的气氛，可以扫去员工的疲惫和心里阴影，从而达到激励员工，使其"满血复活"的效果。

"庆祝"是一种放松，也是一种兴奋剂。心理学家发现，如果一个人因为近期的压抑而导致自己力不从心，把他带进一个欢快的气氛中，这种气氛会帮助这个人重新充满活力。做一场"庆祝活动"或者以某种方式进行庆祝，可以影响身边的人，尤其是一个管理者发出的庆祝信号，甚至可能影响自己团队中的每一个人，从而让他们充满干劲。如果庆祝总在进行，就会给员工们"顺风顺水"的感觉，在这种感觉的渲染下，人们不易劳累，自然更容易提高干劲。

担任企业资源开发公司总经理的麦克斯·卡雷，在1981年创立的以亚特兰大为中心的销售和市场服务公司就曾遭遇过步履维艰的困窘。当时，他只有一个临时雇员。按他的话说："大的成功离我们太遥远，我们几乎感受不到任何激励。"所以，他做出了一个决定：每次获得一个小成功都要为自己庆贺一番。卡雷出去买了一个警报器，还配了扩音器，这样就能发出救护车的声音。如果他直接与某家公司的总经理通话，就要鸣笛庆贺一次；如果接到一大笔订单，警笛也会鸣响……这样的庆祝方式给了卡雷和他的员工莫大的鼓励，让每一个人都感受到自己一直在"胜利"中工作，很少会因为偶尔的失败而垂头丧气。

如今，他的公司已拥有 100 多万美元的资产和 11 名雇员。每个星期，警笛声都会在公司内回荡 10 次。每当自己的员工知道有好消息时，大家都要出来听他们的同事对刚刚取得的成功吹嘘一番，这也为大家提供了互相交流的机会。而且这种庆祝的方式让麦克斯·卡雷的团队第一时间知道自己的团队又取得了成功，这种激励效果是非常明显的。

卡雷说："我们的雇员经验还不够丰富，无法取得巨大的成功，所以这种庆贺也是一种很大的鼓励。"没有在卡雷手下工作的员工体会不到这种感觉，每一天都以这种鸣笛的方式庆祝好多次，这就像自己所在的团队一直在"成功的庆祝"中工作，即使心中有对工作的负面情绪，也会在这种庆祝的工作气氛里烟消云散，就像一个打顺风仗的士兵总是想继续打仗一样。正是这些不时的庆祝笛声，使卡雷的公司取得了惊人的进展。

麦克斯·卡雷"鸣笛的庆祝方式"是一种频繁而有效的激励方法，让自己的下属时时刻刻都能在庆祝的气氛中工作，这样不但可以有效地去除疲劳增加干劲，而且也能增加集体荣誉感。其实麦克斯·卡雷这种"庆祝笛声"的本质是一种"顺风"心态，我们不得不承认，人们在一切顺利的时候总是不容易感觉疲惫，"庆祝"会变成一种惯性，让每个员工干劲十足。

以庆祝的方式给员工和属下打"兴奋剂"，使用这种方法来激励干劲的重点在于让员工了解自己已经取得的成功，简单一些来说就是给予员工信心。"庆祝"本身就是一种欢愉的形式，所以员工非常乐意接受，在员工接受的同时，甚至可以提起取得这些成功遇到的艰难，让员工产生"这么多困难都克服了，而且已经获得了这么多成功，接下来也一定可以"的心态，有了这样的心态，大家自然就会有高昂的干劲。

以适当的"痛楚"让员工发奋

对于管理者来说，任何一个员工都有可能创造奇迹，而面对于"知足派"的下属和员工，他们不奢望更多的奖励，"痛处"就变成了激发干劲最好的方法。优秀的管理者有时候需要细致地了解每个员工的背景与特点，这样才能将"痛处"激励实施得恰到好处。

李维是一家外贸公司的人事部经理，在公司李维只要了解到任何一个人的相关动态，就会记录在案，以便日后的人事安排。例如有家庭的女士尽量不要安排出差，如果员工的孩子在公司所在地上学，在相关节日公司会有所表示等。对于李维的人事安排，公司内部由上至下都非常满意。

但是李维也是出了名的刀子嘴豆腐心，都说人事经理干的都是得罪人的活，李维却认为只要是为大家好，言语上可以适当犀利一点。尤其在激励人员干劲的时候，李维特喜欢揭人短处或者给人痛苦让人提起精神。

业务部的小王新婚燕尔，可能是因为操办结婚较为劳累，近一个月，小王在工作上总是没什么干劲。李维受业务部经理委托，要他激励一下小王。李维见到小王，除了恭喜外，毫不客气地问："房贷不好还吧？"一句话令小王脸色都变了，小王结婚花光了所有积蓄，还欠着20年的贷款让女方家笑话。最后李维说："还得好好干啊，加油吧，别让自己每天睁开眼睛就欠别人钱。"之后，小王的工作很快有了起色。

工程部的老张也受过李维的"痛处"洗脑，李维当初一句："张师傅，女儿在北京上大学开销不小吧？"一下把老张激励了，他最心疼女儿，觉得不能让女儿因为钱受委屈，所以自己一定要好好干。

设计部的小戴，李维最喜欢用一句话刺激他："哟，咱这大画家还端着范儿不干活呢？还想回去住地下室只画画不吃饭？"每次听到这种嘲笑，小戴便对自己说，再也不要过回以前的日子。

就这样，他总是利用对方的痛处，激励着众多员工的干劲。

整个外贸公司的员工，几乎都被李维以"痛处"激发过干劲，这种激发干劲的特点是直接、干脆和有效。对于小王这种房奴青年，李维其实是戳痛他男人的自尊；对于老张这种父亲，女儿受委屈才是他最痛的地方；对于设计师小戴，艺术和生存取舍的痛苦才是最致命的。这些人也许不在乎自己如何，但是在乎这些痛处，所以才会达到激励的效果。

社会上流行一句话，说"今天工作不努力，明天努力找工作"，这就是利用找工作的痛苦去激励那些正在工作的人提起干劲抓住眼前的工作机会。戳对方的痛处其实是一种提醒，提醒对方要避免这种痛苦再次发生，或者尽快解决这种痛苦的最佳方式，就是提起干劲努力工作。这对于精神疲惫的员工是一种兴奋剂，而对于把眼光放在已获成果上的员工则是一种催化剂。作为优秀的管理者，学会把握适当的"痛楚"，对员工进行激励，让属下和员工知道痛在哪儿，往往能帮助他们记起为了什么去奋斗。

给员工一个崇高的目标和意义

在激励员工的理论中有一种"超人理论"，在"超人理论"中员工就像电影里的超人一样，永远那么有干劲，即使累得站不起来，一想到自己正在拯救世界就充满了动力。让你的员工相信他工作的意义和超人一样是在拯救或者造福全人类，当员工认识到自己的工作价值比想象中高出很多时，定然会激发出超凡的干劲。简单来说，抬高员工自身的价值，也是一种非常奏效的激励方式。

对于员工的自我价值认定，全球各大企业中苹果公司的员工是最有代表性的，许多人因为得到了在苹果公司工作的机会而激动得热泪盈眶，就像是自己被选为救世主一样。他们来到实体店开始自己工作的第一步时，公司的培训专员会经常对他们说："我们不是在卖一件产品，而是在丰富人们的生活。"苹果公司将这样的理念深植于员工的脑海之中，让他们觉得自己的工作不仅仅是卖产品和修产品而已，而是有更高远的目标：为人类服务。这就是苹果公司让员工死心塌地充满干劲的秘诀：抬高员工的价值。这是永远奏效的激励方法。

苹果公司的实体店应该算得上是各大电子商品实体店里服务最周到的店之一，很多顾客在进入苹果实体店后感觉到这里的服务员仿佛不是在推销手机，而是在真心推销理念，就像是告诉消费者选择了苹果就是选择了一种新的生活方式。

一位苹果体验店的员工讲述道，一进到公司培训的时候，主管就问我们为什么来到"苹果"，我们的回答五花八门，有的为了赚钱，有的为了体面，有的为了福利等，然后主管告诉我们，我们的想法都对，但是又不全对。然后主管首先带着我们体验苹果公司的产品，并且告诉我们这些产品的意义。其实当时我已经被苹果手机的内置设施吸引住了，我发现在进入苹果之前，我们所买的苹果手机仅仅使用了其中的30%的功能，我当时的想法就是赶快把我新知道的苹果手机的功能告诉其他人。

随着几天的体验和应用，几乎每一个人都体会出了苹果的优势确实能让生活变得更美好。在这几天的培训中，主管不停地重复一句话：如果你们真的认同这些技术能够改善人们的生活，而又愿意真心推荐给别人，那么你们在实体店或者体验店的工作就不再是买卖这么简单，而是让你见到的人生活得更加美好，希望你们能牢牢记住这一点。就算对方在我们的第一次介绍中没有选择我们的产品，也不要灰心，因为人总会选择最好的，他们只是需要时间去对比和明白，恰巧我们的产品就是最好的，所以他们会回来的，只要你们保持干劲。

苹果公司的培训中巧妙地利用了"提高员工价值"这一方法，而且先是让新员工自己体验到苹果产品的优势，认同这些优势改善生活的价值，之后再把员工推介苹果的工作和这种价值相连，使得员工的自我价值也随之提高，以此让每一个员工都认为自己的工作趋势不仅仅是销售或者维修一件苹果产品，而是帮助更多人获得更好的生活工具。以这种价值去工作的员工，相信每分每刻都会有高昂的干劲。

当然，并不是每一个公司都能和"整个人类"联系紧密，所以在激励中员工的价值也可以缩小到一个公司本身，即提高员工在公司的价值，也是激励干劲不错的技巧。《赢在中国》里提到过，每个员工在公司都有他特有的价值，这就像一台汽车，少了任何一个零件确实还能继续前进，但是肯定会不太顺畅。所以管理者通常告诉属下或者员工，他们才是公司的核心，以此来调动员工们的工作积极性。

给对方一个崇高的工作目标和意义，激励员工的效果也就更加明显。当人们觉得自己的工作价值远远超乎想象的时候，他们会认为自己不仅是为了自己在工作，这个小组、整个公司甚至整个世界都在靠他创造价值，变得更好，这种"超人精神"就会激励起他的潜力和干劲。

第五章

以人为本，笼住人心获得拥戴

以情励人是最富成效的管理

情感管理可以拉近你和员工的心理距离，让你与员工彼此间在无拘无束的交流中相互激发灵感、热情与信任。管理者要在公司内建立一种亲密感，这种亲密感不是靠给予物质利益或由公司提供社会福利来使员工与公司互依互赖，而是要建立在相互尊重、彼此独立以及相互关切的基础上。这种亲密感就像成熟的婚姻——既不会给人压迫感，又不会叫人觉得郁闷无聊。而这正是情感管理。忘却绝对的理性，以情动人、以情励人是最富成效的管理方式，可以在企业中形成凝聚力和归属感，提高整体绩效。

圣诞节快要到了。朗力公司行政主管凯维尔悄悄吩咐秘书去订做一批纯金西服别针，做工一定要精良，并要求将做好的西服别针在圣诞节前夕分别寄到朗力公司每位员工的配偶手中。公司的老门卫托玛逊的太太在圣诞节的前几天收到了一枚纯金别针。

有人问老门卫拿到这枚别针时是什么感觉，老门卫说："那是圣诞节的前几天，我像往常一样下班回到家。一开门，没想到我的妻子从房间里冲了过来，搂着我就是几个狂吻，并大声说：'汤姆，你真棒！'她的眼睛里闪动着泪花。我不明白发生了什么事，妻子激动地说：'汤姆，你看看桌子上是什么？'我看到桌子上放着一个精致的小盒子，盒子里摆放着一枚金光闪闪的别针。"

老门卫还在盒子里发现一张小纸条，上面写道：

尊敬的托玛逊太太：

感谢你一年来对托玛逊先生工作的全力支持，使得朗力公司的工作取得了很大成就。我谨代表我个人向你表示衷心的谢意。

落款是杨·凯维尔。

公司领导的信任与尊重，极大地激励了托玛逊，收到别针的那天晚上，他和妻子一边喝着酒，一边聊着天。他们的话题就是明年该怎样做才能不辜负总裁的期望。托玛逊决定，只要公司一天不辞退自己，就尽最大的努力做好自己的工作。

凯维尔是一位善用情感激励的高手，他知道通过与员工家属建立融洽的亲情关系激励员工是最自然的，也是最有效的方法。也许是英雄所见略同，斯特松公司的管理者也很注意抓住员工的心。

斯特松公司是美国最老的制帽厂之一，1987年时公司的情况非常糟糕：产量低、品质差、劳资关系极度紧张。新上任的公司行政主管通过调查发现员工们对管理层、工会缺乏信任，这主要是由于上任主管的偏激作风、言语辱骂和不关心员工等恶劣的行为造成的。于是新任主管开始实施一套全新的情感管理方法，主动聆听员工心声。

奇迹出现了。在4个月内，不但员工憎恨责难的心态瓦解，同时他们也开始展现出团队精神，工作绩效也有所提高。感恩节前夕，这位主管亲手赠送火鸡给全体员工，隔天他收到员工回赠的一张报纸大小的签名卡，上面写着：谢谢把我们当人看！

美国著名管理学家托马斯·彼得斯曾大声疾呼："你怎么能一边歧视和贬低员工，一边又期待他们去关心质量和不断提高工作绩效呢！"请忘记绝对的理性，用一颗滚烫的心去关怀员工，真正地与员工进行心灵交融，从而实现管理上的高效。这是每个管理者都应努力做到的。

角色互换，让下属"当家"

很多时候，员工缺乏干劲或者执行力下降，是因为不了解管理层的思维想法。由于上级管理层和员工之间的沟通不畅，影响了员工的干劲，下级员工无法理解管理层指示的意义，员工会认为管理层只是动动嘴皮子就比自己的薪资要高。因此很多企业选择适当的时间让员工"当家"，角色互换一下，这样有助于让员工站在领导的管理层位置，让下属在参与管理工作的同时，提高他们的主人翁意识和工作热情。

韩国一家工厂，为了进一步加强员工们的工作积极性，培养员工的主人翁意识和责任感，实行了一项独特的管理制度，即让员工轮流当厂长管理厂务。

工厂每逢星期三就由一名基层员工轮流当一天厂长，负责管理工厂的业务。"一日厂长"上午9点上班，听取各部门主管的简单汇报，对整个工厂的经营情况有个全盘的了解，然后陪同厂长到各部门、车间去巡视工作情况。这样做，不仅让"一日厂长"熟悉其他部门、车间的业务，还可以开拓他的视野，了解工厂、车间之间相互协调的关系，以便自己更好地加强合作。

"一日厂长"可以对企业管理提出自己的看法，也可以对企业提出批评意见，并详细地记载在工作日记上，让各部门相互传阅，各部门有则改之、无则加勉。改进工作的部门要在干部会议中提出改进工作的成果报告，只有当干部会议认可后才算结束。

"一日厂长"有处理公文的权力，对各部门、车间主管送来的公文，他按自己的意见批示后，交送厂长酌定。"一日厂长"制经过一年多的实践，该厂的员工有40多人当过厂长，并节省了成本200万美元，收到了显著的实效，工厂把这部分钱作为奖金发给全体员工，又一次增强了大家精诚合作的向心力，令同行羡慕不已。

在该案例中，让选拔出来的基层员工担任一日的厂长职务，使其在拥有厂长权力的同时，也担负起厂长的责任。人都是有责任心的，带着"厂长"的责任心，员工们自然更加认真地工作。另外，"一日厂长"在巡视各个车间、了解彼此互相协调的关系、批示公文等工作后直接参与公司的管理工作，使得员工眼界能够看到整个厂子的运作，了解本职工作对于整体工厂的意义，经过担任"一日厂长"后回到本职工作的员工就能更加有干劲，而且可以向身边的工友解释所做工作的意义，将影响力进一步扩大。

让下属参与管理工作来提高员工的干劲，应注意以下几个问题：

首先，管理者需要明白的是：参与管理意味着领导并不是擅自做出决定，而是与相关的个人进行讨论，并听取了人们的意见之后再作决定。这样，领导或是考虑了员工的意见，或是部分地采纳了员工的意见，让员工有了分担管理、参与管理的感觉，才能有效激发干劲。这就像我们常说的"全接受等于没有接受"，领导者如果无差别地让员工参与管理，反而会让员工认为这种"参与管理"的手段仅仅是儿戏，更加挫伤了员工的积极性。

其次，对于的确无法让员工参与的管理部分，或者领导不准备采纳管理意见的情况，则应该花点时间向下属解释他这样做的原因。许多研究都发现，是否对下属言明一切，很大程度上影响着他们的工作热情。

如果你对下属说明了情况，那么，他们对工作结果产生的责任感要比那些始终蒙在鼓里的人强得多。

当然，并非对所有人来说都是如此。领导者还应敏感地注意到，有些人会觉得如果上司拿不定主意，事事都要征求他们的意见，那么他凭什么拿比他们高的工资？让下属积极参与管理，但上下级之间的职责界限还是要分清楚的，让员工参与管理但是不能完全让员工管理，否则激励干劲的时间不会太过持久。

综上所述，当下属由于无法理解管理层的指示而缺乏干劲的时候，或者当员工认为自己的管理方式更适合公司发展的时候，不妨让下属直接参与管理工作。

给员工提供快乐的工作氛围

管理者应该能够对不同的人包容，在团队内部营造好的工作氛围。好的工作氛围能够促进员工创造更大的经济效益，如果员工长期都在不快乐的状态下工作，那么他们的工作主动性，即创造力和变革能力都会丧失。

一位失败的企业家在总结企业为什么失败时这样写道：员工是公司的命脉，不注重这个命脉，不使员工因为工作而感到快乐，员工就会使企业因为失败而感到不快乐。

微软就是特别注重工作氛围的企业，比尔·盖茨深知工作氛围的重要性，所以他将微软工作氛围的建立放在两个方面。第一方面是舒适的工作环境，这包括了自然环境和人文环境。微软的研究所被称为

"campus"，这与"大学校园"的英文单词是一样的，也正是微软自然环境的真实写照。在微软的研究所内，不仅拥有大量鲜花、草坪的园区，还有美丽的比尔湖，而篮球场、足球场则更充满校园气氛。舒适的自然环境，造就了微软优雅的工作环境，同时也成就了微软员工的高效率工作。

第二方面就体现在人与人之间的工作交流上。微软的做法很有特色。比尔·盖茨认为，交流是一切沟通的核心，是解决问题的有效途径以及团队精神的体现。在微软中，最典型的沟通方式是"白板文化"。"白板文化"是指在微软的办公室、会议室，甚至休息室都有专门的可供书写的白板，以便随时记录某些思想火花或建议。这样一来，有任何问题都可及时沟通，及时解决。白板文化不仅使员工充分得到了尊重，而且使交流成为了一种令人赏心悦目的艺术。

看着美丽的风景，享受着舒适的环境，感受着轻松自在的工作氛围，员工们心情愉悦，工作的效率自然得到大大提高。比尔·盖茨曾说过："我们有意营造一种校园般的感觉，这样会让员工产生亲切感和归属感，为他们创造一个舒适、亲切的工作氛围。"他甚至将微软的总部直接称呼为"微软校园"。

哈佛大学一项调查研究证实：员工满意度每提高3个百分点，顾客满意度就能提高5个百分点。人在客观上是不可能不受情绪影响的。当一个人的情绪处于"乐起来"的状态，就能充分调动他的主观能动性，以积极的姿态受领任务，以饱满的热情投入工作。优秀的管理者一定要学会如何使你的员工快乐起来。

和微软一样，谷歌公司的工作氛围也是让人乐在其中。谷歌公司的老板在室外的草坪上种了蘑菇，还养了一条狗，把公司弄得像自己家一样。他还请专人给员工做饭，每星期举行两场曲棍球比赛。谷歌公司对员工着装有着"特别"的规定，与很多企业要求员工必须穿着职业装或工作服不同的是，谷歌公司的老板对员工的要求是：你必须穿衣服。在这条规定下，哪怕员工穿着睡衣上班，都不会有人出来制止你。

在谷歌公司，很多东西都是免费的：用餐是免费的、健身是免费的、按摩是免费的、洗衣服是免费的，连看病都是百分之百免费的。公司每层楼都配有一个咖啡厅，每个员工都可以随时进去冲咖啡、吃点心。咖啡厅内的大冰箱里摆满了各类饮料和水果。只要不怕成为胖子，每个员工都可以随时随地吃东西。就连员工带进办公室的小狗，都可以免费享受美食。

更让人感到称奇的是，谷歌公司还规定每个工程师每天必须用 1/4 的时间来想点子，还允许员工每天有 1/5 的时间不必花费在工作上，而是用来做自己感兴趣的事。公司每年都要不遗余力地花时间和金钱举办各种有创意的比赛，优胜者能得到丰厚的资金。

这就是谷歌公司。它的内部格言是："光明、轻松地赚钱。"谷歌公司是全球最值钱的互联网公司。只用了短短几年的时间，这家公司就拥有了 3000 员工，吸引了 36% 的全球网络访问量和 15 万广告客户。早在 2007 年，它的市值就已经高达 1690 亿美元。

好的工作氛围能够提升员工的工作效率。相反，坏的工作氛围将会扼杀掉员工的工作热情、积极性和创造力。管理者应充分认识工作氛围的重要性，尽可能地营造出一种利于工作、员工乐于接受、利于团队发展的工作氛围。

营造工作氛围最好从企业文化出发。从企业文化建设着手，提高员工工作激情，营造一个相互帮助、相互理解、相互激励、相互关心的工作氛围，从而稳定员工的工作情绪，激发他们的工作热情，形成一个共同的工作价值观，进而产生合力，达成组织目标。

创建和谐的工作氛围，并不是呆板地整齐划一，而是利用大多数成员的方式将大家最大限度地统一起来。如果不能学会采用下属的方式，哪怕是只有一个下属，也难以建立和谐的关系。只有使用成员最常用的方式，团队成员才乐于采取、乐于接受，从而保证团队的和谐。

另外，管理者需要注意的是，不能因为强调严格管理而排斥员工个性，不能因为强调集体利益而忽视员工的正当权益。要把尊重个性、维护权益、促进员工全面发展作为领导的新理念、育人的新追求。要营造包容个性、和谐发展的生动局面。这样，员工的创造智慧就会竞相迸发，单位的生机活力就能充分展现。

将"雇佣"变为"合作"

如果员工认为自己和公司之间仅仅是雇佣的关系，公司安排工作，自己去完成，仅此而已，就容易因为没有看清自己和公司之间的利益联系而导致自己缺乏干劲。在这些员工的心里，公司雇佣员工是为了实现公司的目标，自己打工是为了实现自己的追求，于是当员工认为自己是在给他人添嫁衣的时候就容易变得没有工作激情。针对这一点，将员工自己的追求转化为公司的目标，让员工参与到公司的发展和变革中，哪怕只是让员工做一小部分的贡献，但是要将员工和公司的未来紧紧相连，这样更容易激励员工的干劲。

孙鹏是大连某家房屋中介的老板，在如今房屋中介竞争压力较大的情况下，作为私人的房屋中介能够在这样的竞争中生存本身就很艰难，如果想要盈利的话，必须依靠手下每一个员工，使他们每人都充满干劲才能实现。除了与其他大型房屋中介公司同样的工资奖金制度，孙鹏为了激励员工的干劲，还提出了支持员工在大连买房子的福利指标。

大连作为全国炙手可热的海滨城市，由于它气候舒适，交通便利，房价一直居高不下，很多外地人来到大连工作后都想在大连定居，但是因为房价的原因难以实现定居的愿望。孙鹏利用本身是房介的优势，提出"让员工在大连定居"的公司目标，制订了新的福利制度，每个员工在公司创造的业绩，会按一定的百分比记录在案，不影响以往正常的薪资制度，但是如果员工在大连买房子，选择公司能力范围内的小区，不但可以优先选择户型，而且记录在案的百分比款项将由公司支付，以此来鼓励员工买房，但是如果不在大连买房子，这笔记录在案的资金就不予发放了。

这个制度一经发布，每一个员工都非常激动，因为不影响正常的薪金，而且自己的工作目标和公司的目标几乎统一了，这样一来，大幅度地提高了员工的工作热情和干劲。

孙鹏对自己员工的激励方式在于以公司的名义去完成员工的目标，这就让员工感受到自己并不只是公司的雇员，自己的工作在帮助公司发展的同时，公司也在帮助自己实现梦想，如此一来工作的干劲就和"给别人打工"完全不同了。孙鹏的做法有点像"住房公积金"，但是却更加有激励的效果，原因是这个"公积金"是由自己的业绩决定而且不影响以往的收入。

不是每个公司都能用公司的发展去满足员工现有的追求，所以大部分公司选择从员工另一个追求点出发来将公司与员工的目标统一化：

让员工参与公司发展改革的意见。当公司未来的发展包含了员工本身的意见，这样员工就会把"建设自己规划的公司"作为新的追求，以此把员工和公司的目标一致化，激发员工的干劲。简单而言就是让员工参与到企业改革，员工按照自己设定的目标去努力才会有干劲。

鲍勃是一家装饰公司的老板，鲍勃在公司一直保持这样一个思想：每一个员工的想法都是有亮点的，只要能够帮助公司发展，鲍勃一律接受并且尽量收入公司的发展规划中。因为鲍勃从很多经历中发现，如果让员工相信他们的想法被公司采纳并且实施在公司的发展规划里，员工就会感觉自己在建设公司，自己的工作是为了把公司建设成为自己心中的样子，自己的追求就转化成了公司的目标，那么还有什么理由不努力工作呢？

几年前鲍勃发现设计组有个设计师比较懒散，但是设计水平又比较不错，之后鲍勃就找机会与之谈话，闲谈般地询问设计师感觉公司应该怎么变革能更好，这个设计师以为只是闲聊，于是想到什么就说什么："我认为设计不是逼出来的，需要灵感，每天穿着西装的人不一定就是设计师，我认为公司应该更改一下制度，来公司依然可以穿拖鞋和便装，甚至自己的办公桌自己说了算！"后来鲍勃告诉这个设计师，如果他能证明这样不影响工作，而且可以提高工作效率，那么鲍勃就听他的更改制度。但是他希望这个设计师能把手头上工作的时间缩短一半，也好让鲍勃明白设计师们确实还能提速。当这位设计师在第三天把本来一周才能完成的工作交给鲍勃时，鲍勃满意地走向设计室和所有人说："今后你们可以一切随意了！"直到现在，鲍勃看着设计师里的每个人在公司就像在家一样自由、随意，但是他的设计团队却非常强悍。

之后也是如此，任何一个工作人员只要证明他提的公司变化的意见能让公司更好，鲍勃都会欣然接受并且实施，包括需要雇佣一个咖啡师、改变上班时间制度等，提意见的员工为了实现自己的追求，把公司变得像自己想的那样，就要用自己的工作能力来证明自己是对的，同时公司也在这些员工的意见中发展壮大。

先让员工提发展和变革建议，员工会认为自己在公司的追求就是公司今后的目标，为了实现这个目标，员工们会以自己的工作态度和能力证明自己提出的建议是对的，这种从内心出发的干劲就是鲍勃甚至众多领导者想看到的。最终在员工的干劲和努力之下，公司的目标和自己的目标同时实现，而这也成了其他员工的动力，一个正能量的良性循环就形成了。

将员工自己的追求转化为公司的目标，根本的原则就是让员工明白自己和公司并不是"雇佣"的关系，而是在"合作"。员工的工作其实也是在帮助公司发展，因此公司除了给予员工相应的工资，同时也应该帮助员工一起完成员工心中的追求，如此让员工有一种在为自己"打工"的心态，工作起来的干劲自然大不相同。

恰当地对员工进行考核与评价

在一个团队中，每个成员形形色色，有人会自我膨胀，有人爱讲究资历，也有人会不按常理出牌。这就需要管理者在进行考评时始终坚持一个重要原则：给予他们最适宜的评价。

王丽在某食品公司担任地区经理。她分管10家供应站，每站有1名主任，负责向一定范围内的客户销售和服务。她所在的公司不仅服务于航空公司，也向成批订购盒装中、西餐的单位提供所需食品。公司雇请有厨房工作人员，采购全部原料，并按客户要求的规格，烹制订购的食品。供应站主任要负责订计划，编预算，监控分管指定客户的销售服务员等活动。

王丽手下10名主任中资历最老的是张成丰。他只念过一年大专，后来就进了公司，从厨房代班长干起，三年以前当上了如今这个供应站主任。经过近一年的接触，王丽了解了老张的长处和缺点。老张很善于和他重视的人，包括他的部下和客户们搞好关系。他的客户都是"铁杆"，三年来没一个转向竞争对手去订货的；他招来的部下，经过他的指点、培养，有好几位已被提升，当上其他地区的经理了。

不过他的不良饮食习惯给他带来严重的健康问题，身体过胖，心血管病加胆囊结石，使他这一年里请了三个月病假。其实医生早给过他警告，但他置若罔闻。再则，他太爱表现自己了，做了一点小事，也要来电话向王丽表功。他给王丽打电话的次数，超过另外9位主任的电话数总和。王丽觉得过去共同工作过的人没有一个是这样的。

由于业务扩展，已盛传要给王丽添一名副手。老张已公开说过，站主任中他资格最老，他觉得这地区副经理职位非他莫属。但王丽觉得老张若来当她的副手，真叫她有些接受不了，两人管理风格太悬殊。再说，老张的行为准会激怒地区和公司的工作人员。

正好年终考绩要到了。公正地讲，老张这一年的工作，总的来说，是干得挺不错的。公司的年度考绩表总体评分是10级制，10分是最优；7～9分属良，虽然程度有所不同；5～6分合格、中等；3～4分是较差；1～2分最差。王丽不知道该评老张几分。评高了，他就更认为该提升他；太低了，他准大为恼火，会吵着说对他不公平。

考虑再三后，王丽给老张考绩总体分评了 6 分。她觉得这是有充足理由的：因为他不注意健康，病假请了三个多月。这个分数远低于老张的期望，但她要用充分的理由来坚持自己的评分。她知道这个分数对他来说是非常合适的。

王丽所碰到的情况，很多管理者都会碰到。这是主管在进行绩效考评时经常会碰到的难题：如何恰当地对下属进行绩效考评？

对下属员工进行绩效考评，要从多方面情况加以考虑。应该主要看到下属员工的工作成绩，其他方面的问题虽然也应考虑到，但不能偏离重心。只有恰当地对下属员工进行考绩，才能真正使做出成绩的员工受到鼓励，并自我修正缺点，从而在工作中做出更大的成绩。

尊重下属，保护私人空间

没有人希望自己一天的时间都处在别人的监督和管制之下，不愿意在享受家庭生活的时候被经理的电话骚扰，更不愿意在自己梦乡的时候被电话吵醒。人们更喜欢在上班的时候能有更多的时间自己安排工作计划，能对工作有更多的主动权，能驾驭更多的工作内容；如果没事的时候，能上网浏览信息或者读读自己喜欢的书籍，和自己欣赏的人探讨工作和生活。

他们也希望在下班的时候暂时忘掉工作，享受家庭团聚的温馨，与好友一起娱乐一下，聊聊天，叙叙旧。他们不希望一天二十四小时内时时挂念着工作，时时处在备战状态。

然而，有些管理者却不懂得尊重私人时间。

　　徐然是一家大型制造类企业的采购经理，在工作上颇有成就，深得公司领导层的赏识。他对下属要求很高，管理严格，从一个中专学历的毕业生爬到现在这个位子多半也是因为如此。因此，他便期望他的员工也能像他一样，一心扑在公司的事务上，为公司鞠躬尽瘁。

　　他要求他的下属在上班时间不得擅自离岗，不得做与工作无关的事情，不得闲聊，不得接打私人电话，所有的时间都必须用在工作上。他总是想方设法把员工的时间占有，认为只有员工多做工作才能多出成绩。在他的管理下，员工们总有做不完的工作，即便有些工作没有任何意义。

　　他还要求自己的员工养成"早到晚退"的习惯，让员工每天陪自己加班一个小时，即使员工无事可做，也要其陪伴在他身边。

　　假如员工没有养成这种习惯，那么加薪晋职的机会就比较少，而且可能被他冷藏，再无出头之日，要么就是莫名接到调职或解雇的通知。另外，他也将员工的节假日进行了重新规划，以适合他工作的需要。有时员工若将午休的时间全部用来休息，也会引起徐然的不满。

　　他的举措显然引起了员工的怨言，他们抱怨自己完全没有私人的空间，随时都被经理管制和监督，好像自己是被卖给了公司，自由受到了严重的限制，感觉快要疯掉了。

　　最近，员工小刘已经采取行动了，他开始断断续续地请假，以各种理由和借口逃避徐然的工作检查，另外他已经开始实施他准备已久的辞职计划，他实在无法忍受这样的经理，他希望自己能早日找到下一份工作，离开这个让他伤心透顶的上司。

　　徐然属下的员工被尊重的需求显然没有得到满足，徐然的工作也因此陷入了被动，士气低落，效率下降，人员流失，管理混乱等问题接踵而来。

徐然的例子可能是个极端的典型，但是在我们的生活当中，类似徐然的经理不少见。他们认为下属喜欢逃避工作，必须对他们加强管理，加强监督，甚至采取一些强制的手段，把员工的时间全部占用，让员工时刻都在自己的视线范围内。管理就是要严格，唯有严格才可以体现自己的威严，才算是尽职尽责，才能出成绩。这种连员工的私人空间都不给予保护的行为，是极为负面的，不懂得保护员工的私人空间最终只能落得个人心涣散的下场。

在提倡人性化管理的今天，尊重下属就是给予他们一定的私人空间，即使是在上班时间。作为管理者，你不可以也不可能每时每刻都监督下属，你所能做的就是指导、帮助他们学会时间管理，利用好自己的时间，做好自己职责范围内的工作规划和计划，做好自己的发展计划，用计划和目标管理员工。

给下属适当的娱乐空间

现代生活中，工作压力大，生活节奏加快，这些都给人带来紧张与焦燥。生活在这种环境下，人们不免会产生更多的疲惫，对轻松快乐的生活更加向往。大家都希望能在一个轻松愉悦的环境中工作，因此，为了更好地聚拢下属的心，适当地给予下属娱乐的空间，帮助下属释放压力也是一个不错的选择。请看下面这个故事：

某公司的工作气氛一向死气沉沉，有一次，大家都觉得该娱乐一下了，便要求星期五下午在会议室跳跳舞，开始总经理同意了。第二个星期，总经理说："你们跳舞我不反对，只要不占用工作时间，我都是赞成的。但是有一条要坚持，一定要保证八小时的严肃性。"

这样一来，再没有人在单位跳舞了，单位又回到以前死气沉沉的状态中。一个单位里的人，虽然每天低头不见抬头见，但彼此还是十分陌生，大家都有一盘散沙的感觉，感觉自己像一架机器，每天工作完后，都想赶快离开这里，否则怕自己连笑都不会了。

总经理对这一点很有感触，他经常对别人说，现在的人和20世纪50年代的人没法比，那个时代大家都齐心协力，拼命工作，人与人之间是一种同志式的互相合作的关系，现在大家都很麻木，真不知是怎么回事。

其实，集体娱乐时，大家可以在一起交谈、了解，彼此熟悉，从纯粹的工作关系过渡到朋友关系，打通一些不必要的隔阂，减少彼此间的"不相似"，在对工作、对问题的看法方面，达到尽可能的一致，使单位出现友好、和谐的新局面，使大家能够更加心情舒畅地彼此合作。

有人把这一套道理讲给总经理听后，总经理不太相信，但抱着试试看的心理，他同意在每个星期六下午跳舞，有时自己还上去跳两圈。于是，单位里跳舞的人越来越多，走路的节奏无形中都加快了许多，工作效率提高了，扯皮的事变少了，大家觉得舒畅了很多。

总经理对这种现象有些不解，直到有一天，他看到儿子语文课本上吴伯萧的那篇《歌声》后，才有些明白。延安时期，在那样一种艰难困苦的条件下，大家却是那样的士气高昂，万众一心，其中有一个原因就是延安的歌声，那惊天地、泣鬼神的歌声，把大家的心连到了一起，把大家的劲头攒到了一起。看来，集体娱乐的作用还真不小呢！

以上案例中，起初总经理变相地剥夺了员工的娱乐时间，让整个单位在死气沉沉中犹如一盘散沙，而后来在听了他人的建议后，总经理给了员工娱乐的时间和空间，结果大家的工作效率大大提高了。更重要的是，总经理的行为会让员工产生一种被理解和认可的感觉，所以员工们当然会更高效地工作了。可以说，员工们在娱乐中愉快地接受了经理的管理。

凝聚人心未必要用金钱，许多东西都能使人心凝聚。如果你的公司正处于一种死气沉沉的状态中，那么赶紧用娱乐使气氛活跃起来吧，这也是凝聚人心十分有效的办法。

1. 组织员工活动

有的领导者认为，员工在单位工作，单位已经付了报酬，根本没有必要再花费单位的钱去组织活动。这种想法是错误的，如果领导者很计较这些得失，员工也会同样计较起自己的得失。这样下去，就没有人去关心单位的发展和命运。人们在一起玩乐的时候最容易增进感情，员工与领导者也是如此。单位活动最能融洽员工与领导者的感情，同时也能缓解工作压力和工作中的不快。活动可以多种多样，如卡拉OK比赛、跳舞、郊游等，只要能让大家高兴就行。

2. 保持工作气氛的轻松和愉快

工作气氛对工作效率的影响非常大，如果领导者不注意这一点，往往会事倍功半。保持工作气氛的轻松和愉快的关键在于领导者。如果领导者没有办法以轻松和愉快的态度对待员工，员工就不可能在工作中有轻松和愉快的感觉。人们工作有时就是为了一份心情，所以营造这种气氛非常重要。

如果领导者平时就是一个比较开朗、随和和幽默的人，问题就比较简单。如果领导者平时比较严肃，这就比较麻烦了。实际上，领导者始终以严肃的面孔对待员工，并不见得能提高工作效率。所以，改变一下自己的态度和习惯是很重要的。领导者不妨主动改变一下自己的性格，让自己变得开朗和幽默一些，给大家营造一个轻松和愉快的气氛，这对工作、对个人都有好处。

无微不至，以心换心

人是有感情的动物，感情因素往往影响到人才对公司的印象，影响到人才的忠诚度。因此，企业应对核心人才实施无微不至的亲情化管理，就像长辈对待自己的小孩一样，悉心照料、精心培育，这样受惠的核心人才也会知恩图报。

一方面，企业要关心核心人才的健康状况。由于核心人才的工作压力较大，缺乏应有的锻炼和娱乐，长期如此，健康状况会受到威胁。微软公司近来连续发生的核心员工英年早逝的现象就说明了这个问题。在这一方面，中国企业可以向 IBM、宝洁公司学习，它们不仅每年都安排员工体检，而且每年要组织 1～2 次的度假，对核心人才的健康状况十分关心。

另一方面，企业要关心核心人才的家庭生活状况，要尽力帮助核心人才达到工作和家庭的相互平衡。3M 公司在这方面就做得非常成功。为了方便员工处理一些生活事务，公司将一部分场所租给了银行、洗衣店、汽修公司、旅游公司等服务性企业。这样，公司员工就可以很方便地干完"私事"，从而有更多的时间、更集中的精力从事工作。3M公司还邀请员工的家庭成员参加高层员工的培训，向他们解释这些员工工作的艰辛，并希望得到他们的理解和支持。这些措施促进了核心人才个人乃至其家庭对企业的忠诚。

再者，要主动给员工减压。理解员工的心理压力，是企业管理者管理工作中很重要的一部分。现代社会中，工作竞争越来越激烈，员工们所承受的压力也越来越重。虽说员工们外表看来似乎都是一副无所谓的样子，实则孤独、烦闷、压抑。

企业的管理人员要善于给员工减压。例如对他们说"其实你很不错，只是你自己没有发觉，你以前曾做过某某事，那时你的表现真是太好了。"或者"'吃一堑，长一智'嘛！何必愁眉苦脸的，来，加油了，我相信你能行的。"

要让对目标本身或目标执行不如意的下属发泄心中的不满。员工的苦衷，也就包含了对该公司或负责人的不满及怨恨，这时管理者不妨做一位倾听者，让他们把心中的不平与不满发泄出来。

如果你耐心地将员工的话听完，员工绷紧的心就会渐渐舒展开来，而且心中必然会如此认为：你既然能够把我的话听完，我也愿意听听你的看法。这时，管理者不妨趁此机会提出自己的看法。如果管理者能这样做，就可以把员工的不满情绪消除掉，而且也有效地贴近了员工的心。

另外，领导者还要帮助员工恢复自信。由于某种原因，员工可能没把事情办好，心里必然产生挫折感。这时，管理者应设法恢复他的自信心，多给予鼓励和称赞，用心去挖掘他们不易被人觉察的长处。

第六章

赋权授权，让员工自动自发

放权，提升参与主动性

在工作中，有的管理者为了管理好员工，让他们按照自己的意图去做事，就对员工的一举一动都横加干涉，企图让员工完完全全地按照自己的思维意识去工作，殊不知这样严重地影响了员工的主观性和创造性，虽然能够完成任务，却大大压抑了员工的思想意识，束缚住了员工的手脚，最后造成员工工作压力加大或人才流失。

其实，不管你从事什么行业，想要成功，管理者都必须创造出一种使员工能有效工作的环境。作为一名管理者，要正确地利用员工的力量，充分相信自己的员工，给予他们充分的创造性条件，让员工感觉到领导对他的信任。士为知己者死，一个员工一旦被委以重任，必定会产生责任感，为了让领导相信自己的才干和能力去努力达到目标。

所以，作为一名管理者，只要能掌握方向，提出基本方针即可。至于细节问题，则应该让员工放手去干。这样不仅员工的潜能得到自由发挥，而且员工还能感到管理者对他的信任，从而达到更加显著的效果，使他们为公司作出更大的贡献。

一个大型酒店的老板，由于酒后肇事被判入狱3年。这位老板只信任他的一位吹长笛的朋友，于是将酒店交给这位朋友经营。吹长笛的朋友上任第一天，见到的基本都是硕士、海归、博士等酒店管理人员，他们对这位吹长笛的代理老板很不屑，说："你一个吹长笛的懂什么，凭什么管理这个酒店？"这位吹长笛的老板回答："我是不懂什么，我只懂如何让一群自己认为什么都懂的人给我赚钱！"

这个回答很经典。管理者没必要什么都懂，他只需懂一件事：如何放权给最合适的人。这位吹长笛的老板知道自己该干什么、会干什么，他把酒店的各项业务交给最有能力的人来负责，他整日好像什么都不干，但是酒店却经营得很好，并没有因为老板的入狱而受到影响。放权，让这家酒店持续行驶在正确的航道上。

20 世纪 70 年代末，美国达纳公司成为《幸福》杂志按投资总收益排列的 500 家公司中的第二位，雇员 3.5 万人。取得这一成绩的主要原因是作为该公司总经理，麦斐逊善于放手让员工去做，以调动人员的积极性，提高生产效率。1973 年，在麦斐逊接任该公司总经理后，首先就废除了原来厚达 22.5 英寸的公司政策指南，以只有一页篇幅的宗旨陈述取而代之。

很多人反对他这样做，有人觉得有风险，毕竟政策指南是随着公司发展积累下来的，对公司业务的开展有着很好的指导作用。甚至有人当面对麦斐逊说："你不要期望所有的员工都像老板那样自觉工作。"麦斐逊依然坚持自己的做法，在他的眼里，每个员工都是值得信任的。

他发布的那份宗旨简洁干练，大意如下："面对面地交流是联系员工、激发热情和保持信任的最有效的手段，关键是要让员工知道并与之讨论企业的全部经营状况；制订各项对设想、建议和艰苦工作加以鼓励的计划，设立奖金。"

麦斐逊的放手让员工以自己的方式保证了生产率的增长。他曾经一针见血地指出："高级领导者的效率只是一个根本的标志，其效率的高低，直接与基层员工有关。基层员工本身就有讲求效率的愿望，领导要放手让员工去做。"

管理者的授权可以营造出一种信任，让企业的组织结构扁平化，更能促进企业全系统范围内有效的沟通。权力的下放可以使员工相信，他们正处在企业的中心而不是外围，他们会觉得自己在为企业的成功作出贡献，积极性会达到空前的高涨。

得到授权的员工知道，他们所做的一切都是有意义、有价值的。这样会激发员工的潜能，使他们表现出决断力，勇于承担责任并在一种积极向上的氛围中工作。在这样愉悦、上进的氛围中，员工不需要通过层层的审批就可以采取行动，参与的主动性就增强了，企业的目标也会很快得到实现。

放权之后，就别指手画脚

北欧航空公司董事长卡尔松决心大刀阔斧地改革北欧航空系统的陈规陋习，他靠的就是充分放权，给部下充分的信任和活动自由。

开始时，他的目标是要把北欧航空公司变成欧洲最准时的航空公司。但他想不出该怎么下手。卡尔松到处寻找，看到底该由哪些人来负责处理此事，最后他终于找到了合适的人选。

于是卡尔松亲自登门去拜访他："我们怎样才能成为欧洲最准时的航空公司？你能不能替我找到答案？过几个星期来见我，看看我们能不能达到这个目标。"几个星期后，这个人主动约时间见卡尔松。卡尔松问他："怎么样？可不可以做到？"

他非常干脆地回答："可以，不过大概要花6个月时间，还可能花掉你150万美元。"

卡尔松插嘴说："太好了，继续说下去。"因为他本来估计要花5倍多的代价。

那人吓了一跳，继续说："等一下，我带了人来，准备向你汇报，我们可以告诉你我们到底想怎么干。"

卡尔松说："没关系，不必汇报了，你们放手去做好了。"

大约四个半月后，那人请卡尔松去，并给他看几个月来的成绩报告。当然这时他已使北欧航空公司成为欧洲第一。但这还不是他请卡尔松来的唯一原因，更重要的是他还省下了150美万元经费中的50万美元，总共只花了100万美元。

卡尔松事后说："如果我只是对他说，'好，现在交给你一件任务，我要你使我们公司成为欧洲最准时的航空公司，现在我给你200万美元，你要这么这么做。'结果怎样，你们一定也可以预想到。他一定会在6个月以后回来对我说：'我们已经照你所说的做了，而且也有了一定进展，不过离目标还有一段距离，也许还需要花90天左右才能做好，而且还要100万美元经费等。'可是这一次这种拖拖拉拉的事却不曾发生。他要这个数目，我就照他要的给，他顺顺利利地就把工作做好了。"

企业领导要让下属担当一定职责，就要相应地授予一定的权力。如果领导对下属不放权力，或放权之后又常常横加干涉，指手画脚，必然会造成管理上的混乱，另一方面，下属会有一种未被信任的感觉，从而失去积极性。领导横加干涉的后果很容易伤到下属的自尊心，产生挫败感以至于会在以后的工作中少了创新的激情与锐气，只一味服从领导，依赖领导，这对企业的发展无疑会有极大的破坏作用。

大胆放权，相信属下的能力。属下被寄予厚望，为不辜负领导苦心，必会干劲冲天，出色完成领导交代的任务。

信任，让员工拥有足够的自主权

聪明的领导一定要学会充分授权——既然将权力下放给了员工，就要对员工充分信任，让员工在其职权范围之内，拥有足够的自主权，这样才能充分发挥其主观能动性。

美国通用电气公司总裁杰克·韦尔奇把授权看作管理必需。杰克·韦尔奇的授权之道是——你必须松手放开他们。他认为，掐着员工的脖子，是无法将工作热情和自信注入他们心中的。你必须松手放开他们，给他们赢得胜利的机会，让他们从自己所扮演的角色中获得自信。当一个员工知道自己想要什么的时候，没有任何人能够挡住他前进的道路。

杰克·韦尔奇曾说："我的工作只是向最优秀的人才提供最合适的机遇，最有效的资源配置而已。交流思想、分配资源，然后让他们放手去干——这就是我的工作实质。"

1981 年，杰克·韦尔奇出任通用电气公司总裁。当时，美国管理界普遍存在着这样一种共识——领导者的工作是监督下属认真工作，就是到处举办公司会议，在低层和高层管理者之间建立信息通道，以确认公司的各个部门和环节运行正常。

杰克·韦尔奇对这种观念深恶痛绝，上任伊始，他就开始驳斥这种传统的认识。他认为采取这种方式的领导者都是些官僚管理者，思想陈旧、传统。过多的管理会促成懈怠、拖拉的官僚习气，会把一家朝气蓬勃的公司弄得死气沉沉。而对于这样因循守旧的做法，杰克·韦尔奇历来都是采取抵制的态度。

通用电气公司是一家多元化公司，拥有众多的事业部，员工成千上万。如何有效地管理这些员工，最大限度地提高他们的工作效率，是杰克·韦尔奇一直苦苦思索的问题。经过实践，他最后总结出"管理越少，公司情况越好"这样一个在他看来是最正确而且一定会有效果的结论。因此，他坚持用这种思想来管理通用公司。通用电气用持续增长的业绩证明，他的这种思想是正确的、伟大的。

对管理者来说，要真正从内心相信员工们能做好这件事，就要把整个事情托付给对方，同时交付足够的权力让他做必要的决定。但是，并不是每一个企业管理者都能够像韦尔奇那样具有管理智慧。现实生活中很多公司常发生下列状况：当搬到一间新的大楼时，公司为了安全起见，要求每个人佩戴公司的标志，然后在下达的任务通知书中详细而又冗长地讲述了一大堆规定。

这些公司似乎相信只要立下各种规范和条例，就可使最笨的人也不会犯错，同时使所有人都有所遵循。但是在员工看来，公司似乎把他们当成低能儿或准囚犯，员工在这些规定面前会生出厌烦情绪，从而把这些规定抛之脑后。

但是，比尔·盖茨从来不这样做，盖茨非常愿意给予员工充分的空间，发挥他们的最大作用和潜能。他管理的一个独到之处是充分授权。比尔·盖茨说："我采取的领导方式就是：放任，不用任何规章去束缚员工，让他们在无拘无束的信任氛围中，发挥每个人的创意和潜能。"他喜欢把复杂的事情简单化，因为他相信自己的员工都很聪明，他很信任员工，让员工自行做决策，如果有员工不守法，他会单独针对这个员工进行处理，而不是对所有员工一视同仁。

盖茨的做法与微软特殊的历史、文化有关。早期的微软主要由软件开发人员组成，强调独立性和思想性，因此，微软的特点是"赋予每个人最大的发展机会"。微软在人才引进时标准很高，因此微软员工的素质都非常高，员工在自主状态下彼此激发，使得整个团体的表现都极其出色。微软的员工有权对他们进行的工作做任何决定，因此他们的决策和行动非常迅速，工作非常有效率。信任员工，让员工放手去做，这也是微软始终保持成功的原因之一。

授权之后又对下属进行控制往往会使事情失败，因为这会揭露你的"信任"只是表面的，这会伤害下属的尊严，妨害你们的感情。充分信任型的授权，才是有效的管理之道。这种方式注重的是结果，而不是过程。被授权者可自行决定如何完成任务，并对结果负责。

信任你的员工，企业的业绩才会蒸蒸日上！这也是一种管理智慧，即敢于信任你的部属，真正做到"疑人不用，用人不疑"。如果你想你的下属能拼尽全力地去完成你交代的任务，那么就请把你的猜疑之心收起来。

授权不等于弃权，放权不等于放任

授权不是弃权，管理者授权而不放任，要做到从整体目标和全局利益出发，对下属的工作行为和方向进行科学的指导，并通过不断指导，实现有效的控制。为此，管理者必须明确授权的内容与范围，建立和健全审查评价制度，畅通信息渠道，以保证下属的工作不会因授权而偏离正确方向和组织的整体目标。

首先，应把握集权与授权的度，尽量做到大权独揽小权分散。诸葛亮被世人誉为智慧和聪明的化身，但他的致命弱点便是"政事无巨细，咸决于亮"。他为了报答刘备的知遇之恩，完成先帝的托孤之重，"寝不安席，食不甘味"，"夙夜忧叹"，终于积劳成疾，只活了54岁就谢世了。连他的对手司马懿都曾预言："食少事烦，岂能长久？"

后人在推崇他"鞠躬尽瘁，死而后已"的忘我精神和运筹帷幄的超人智慧之余，又对他事必躬亲的作风不胜惋惜。作为管理者，必须明确自己的岗位责任和工作范围，以及部属的权力和职责，该给部属的权力，管理者就不要占有；该是自己行使的职权，也不能疏忽。主要权力集中在管理者手中，部分权力分散给部属，正所谓"大权独揽，小权分散"，各司其职，各负其责，上下形成两个积极性，工作才会形成一个合力。

在每次授权前，管理者都应评估它的风险。如果可能产生的弊害大大超过可能带来的收益，那就不予授权。如果可能产生的问题是由于管理者本身原因所致，则应主动校正自己的行为。当然，管理者不应一味追求平稳保险而像小脚女人那样走路，一般来说，任何一项授权的潜在收益都和潜在风险并存，且成正比例，风险越大，收益也越大。

授权之后要进行合理的检查。检查可以起到指导、鼓励和控制的作用。需要检查的程度决定于两方面：一方面是授权任务的复杂程度；另一方面是被授权下属的能力。管理者可以通过评价下属的成绩、要求下属撰写进度报告、在关键时刻同下属进行研究讨论等方式来进行控制。

如果下级出现越权行为，应予以妥善处理，区别对待。有的下级越权，是做了应由上级管理者决定的事，这和他有较强的事业心、责任心有关。这种越权精神倒显得可贵。对这种出于正当动机而越权的下属，应该先表扬后批评，只有这样下属才会为管理者的公正、体贴、实事求是所感动，才会领悟到什么应该做，什么应该克服。

有时下属越权对问题的决定和处理可能是正确的，甚至干得很好，即使这样，管理者也一定要在肯定成绩的基础上，指出下不为例。有些下属越权对问题的处理是错误的，这时管理者要根据情况及时补救、纠正，做到"亡羊补牢"，力争把损失减少到最小，并以此就事论事，因势利导，教育下属吸取教训，警戒其越权行为。

最后，管理者还必须明白授权并不是把不重要的事放弃不管，而是一种管理方式和工作方式的转变。授权之后的管理者仍然享有职权，或者说仍对授出的职权负有责任。这种权力体现在他要通过接受、听取工作报告的方式来取代事必躬亲的工作方式，这是授权带给管理者们的实质性变化。

对于管理者来说，授权的意义是非凡的。它意味着管理者自身正面临着一种转变：他的职责不再是"把事情做好"，而是"让人把事情做好，自己实施有效的控制"，使他实施权力控制的要求在被授权者的管理行为中得以体现。

监督到位，让效果最大化

真正的授权是指"放手但不放弃，支持但不放纵，指导但不干预"。监督监控其实是对授权的度的平衡与把握，在给予足够权力的基础上，强调责任，将监督、监控做到位，授权的效果才会实现最大化。

海生公司隶属于一家民营集团公司。由于集团公司业务经营规模的扩大，从 2002 年开始，集团公司老板决定把海生公司交给新聘请过来的总经理和他的经营管理层全权负责。授权过后，公司老板很少过问海生企业的日常经营事务。但是，集团公司老板既没有对经营管理层的经营目标作任何明确要求，也没有要求企业的经营管理层定期向集团公司汇报经营情况，只是非正式承诺，假如企业赢利了将给企业的经营管理层一些奖励，但是具体的奖励金额和奖励办法并没有确定下来。

这是一种典型的"撒手授权"。这种授权必然引发企业运营混乱。海生企业由于没有制定完善的规章制度，企业总经理全权负责采购、生产、销售、财务。经过两年的经营，到 2004 年年底，集团公司老板发现，由于没有具体的监督监控制度，海生企业的生产管理一片混乱，账务不清，在生产中经常出现次品率过高、用错料、员工生产纪律松散等现象，甚至在采购中出现一些业务员私拿回扣、加工费不入账、收取外企业委托等问题。

同时，因为财务混乱，老板和企业经营管理层之间对企业是否赢利也纠缠不清，老板认为这两年公司投入了几千万元，但是没有得到回报，所以属于企业经营管理不善，不能给予奖励。而企业经营管理层则认为老板失信于自己，因为这两年企业已经减亏增赢了。他们认为老板应该履行当初的承诺，兑现奖励。双方一度为奖金问题暗中较劲。

面对企业管理中存在的诸多问题，老板决定将企业的经营管理权全部收回，重新由自己来负责企业的经营管理。这样一来，企业原有的经营管理层认为自己的付出付之东流，没有回报，工作激情受挫，工作情绪陷入低谷。另外，他们觉得老板收回经营权，是对自己的不信任和不尊重，内心顿生负面情绪。有的人甚至利用自己培养的亲信，在员工中有意散布一些对企业不利的消息，使得企业犹如一盘散沙，经营陷入困境。

很多人都知道"八佰伴"这个名字,作为著名的日本连锁企业,它曾经盛极一时,光在中国就拥有很多家分店。可是庞大的商业帝国"八佰伴"为什么顷刻间便宣告倒闭了呢?原来,到了后期时,"八佰伴"的创始人禾田一夫把公司的日常事务全都授权给自己的弟弟处理,而自己却天天窝在家里看报告或公文。他弟弟送来的财务报告每次都做得很好。但事实上,他弟弟是背地里做了假账来蒙蔽他。

最后,八佰伴集团的倒闭,禾田一夫"从一位拥有四百家跨国百货店和超市集团的总裁,变成一位穷光蛋"。几年后,禾田一夫在中央电视台《对话》栏目接受采访,主持人问他:"您回顾过去得到的教训是什么?"他的回答是:"不要轻信别人的话。一切责任都在于最高责任者。作为公司的最高领导者,你不能说'那些是交给部下管的事情'这些话,责任是无法逃避的。"

后来禾田一夫在回忆"八佰伴"破产的时候也承认,因为时代的进步需要更多的头脑来武装企业,所以家族式的管理已经不利于企业的发展。禾田一夫让其弟弟禾田晃昌做日本"八佰伴"的总裁,这本身就是一个典型的失败。在"八佰伴"的管理体制下,不但下面的人向上级汇报假账,连禾田一夫的弟弟也向禾田一夫汇报假账。

从上面两个例子里,我们必须知道,真正的授权就是让员工放手工作,但是放手绝不等于放弃控制和监督。不论是领导者还是员工,绝不能把控制看作消极行为,而是应该正确认清它的积极意义。控制员工和向员工授权,两者密切相连、相辅相成。没有授权,就不能充分发挥员工的主动性;没有对员工的控制,则不能保证员工的主动性一直向着有利于整体目标的正确方向发展。

统而不死，放而不乱

企业经营管理权限的分配方式分为集权和分权两种。集权是指把企业的经营管理权限较多地集中在企业上层的一种形式。集权的特点是经营决策权大多数握在企业高层领导手里，他们对下级的控制较多。而所谓的分权是指把企业的经营管理权适当地分散在企业中下层。它的特点是上级的控制较少，使中下层有较多的决策权。

有这样两个例子：

有一家主要从事食品加工的乡镇企业，老板张总事事躬亲，对员工信任度不高。每当营销员将要出征时，他就会再三叮嘱："你们遇事一定多汇报，否则，出了问题，后果自负！"因而，在外省打拼的营销员们一个个小心翼翼，生怕办错事，结果算到自己头上。

因此，张总经常接到这样的长途电话："张总，一天30元的旅店没找到呀！租一间一天35元的屋子可以吗？""张总，这边的客户表示需要我们意思意思，那我们是不是可以买几条三五送去呀！"无论事情大小，他们一律请示回报，只要未经老板认可，他们绝对不会主动做主。

最终，一些有能力的营销员感到手脚被牢牢束缚着，有劲儿使不出，只好选择离开，另谋高就。留下来的那些营销员只会请示，工作起来没有丝毫主动性，领导不安排的事情一概不做，一年到头业绩平平。而张总也整日手机响个不停，忙得脚打后脑勺，上百万元广告费像打水漂一样毫无效果，好端端的一个企业处于濒危边缘。

第二个例子是这样的：

有一家颇具影响的民营企业，所生产的高压锅因质量好而广获好评。这家企业的老板喜欢分权式管理，他让每个营销员承包一个省级市场，公司与其签订承包协议，产品以出厂价下浮 25％提供给营销员，营销员必须要保证在一年内完成一定量的销售任务。至于营销员如何销售，公司一概不管。老板的这一招的确极大地调动了营销员的积极性。大家各出奇招，短短几年，企业就在创造了上千万的销售业绩的同时，也造就了许多百万富翁。

但是好景不长，市场竞争越来越激烈，富裕起来的营销员已经没有了当初的斗志，公司业绩陷入低谷。公司老板有心自己接管渠道，但是发现难度很大，因为渠道已经被他们牢牢地把控在手中。更让老板没有想到的是，有的营销员竟然"监守自盗"，在销售公司正品的同时，自己私设黑工厂，制造假冒伪劣产品，将其投入市场鱼目混珠，大发其横财。就这样，一家前景广阔的企业断送在这些营销员手中了。

第一个案例是集权的代表，第二个是分权的代表。通过这两个例子，我们可以发现在企业管理中，"一统就死、一放就乱"是非常容易发生的现象。集权更便于管理，但高度的集权会导致权力欲望的高度膨胀，最终导致盲目崇拜！分权可以有效地分散权力，使权利不会过于集中，而且更有利于民主化，但是不便于管理，会有很多漏洞！

权力是一把双刃剑，不管是采取集权还是分权，企业都应该有相应的管理工具和方法与它相配套，尤其是在分权的过程中，制度约束和文化平衡是一种重要的保障。不恰当的集权与不恰当的分权，都会对企业造成严重的伤害。只有控制住大的风险，才能达到集权和分权的相对平衡。总的来说，领导者应该谨慎从事，采用逐步缓慢放权的"渐进"

方法，在放权的过程里，根据反馈信息及时调整偏差，合理地逐步放权，而不要希望立竿见影。

在企业操作中，企业要考虑的影响因素实际上是很复杂的。方法、理论、原则只是一种参考和指导，集权与分权是一种科学，更是一种艺术，正所谓"运用之妙，存乎一心"，只有适时调整集权和分权的结合点，才能做到"统而不死，放而不乱"。也只有这样，才能服务于业务的发展，才能创造价值。

第七章

通晓人情，带出高效团队

感情投资，回报率最高的投资

如果有人问你：世界上什么投资回报率最高？你会给出怎样的回答？日本麦当劳的社长藤田田的答案是：在所有投资中，感情投资花费最少，回报率最高。藤田田在自己所著的畅销书《我是最会赚钱的人物》中提到，日本麦当劳每年支付巨资给医院，作为保留病床的基金。当职工或家属生病、发生意外，可立刻住院接受治疗。即使在星期天有了急病，也能马上送到指定医院，避免多次转院带来的麻烦。有人曾经问藤田田，如果员工几年不生病，那这笔钱岂不是白花了？藤田田回答："只要能让职工安心工作，对麦当劳来说就不吃亏。"

藤田田的信条是：为职工多花一点钱进行感情投资，绝对值得。感情投资能换来员工的积极性，由此所产生的巨大创造力，是其他任何投资都无法比拟的。

海底捞的"变态式服务"广受称道，征服了越来越多的消费者。在海底捞就餐，顾客真正能够找到"上帝的感觉"，这里的服务热情得甚至会让顾客觉得有些"不好意思"。但是，鲜为人知的是，其实海底捞不但把顾客当成是"上帝"，在这里，员工也是"上帝"。来看看海底捞是如何感动员工的：

在海底捞，每个员工都会有这样一种理念：当我需要帮助的时候，店长和经理会是第一个站出来帮助我的人。不管是生活上遇到了困难，还是在工作中遭遇挫折，只要我开口求助，他们一定会在第一时间帮我。

店长和经理们都不会在办公室里坐着，他们的位置是在餐厅的第一线，哪里需要帮助，他们就会在哪里出现。不仅如此，海底捞的店长、经理每个月都有一项特殊的任务：去员工的宿舍生活三天。目的在于体验员工的衣食住行是否舒适，以便于及时对其进行改善。

其实，就整个餐饮行业的待遇而言，海底捞的工资只能算是中上。然而，隐性的福利比较多。通常人们会认为，在餐饮业打工的人一般都是住在潮湿的地下室里，过着艰苦的生活。与此不同的是，海底捞为员工们在离公司不远的地方租借了配套设施完善的公寓楼，他们还可以享受到二十四小时的热水和空调。为了减少员工外出上网可能带来的危险，海底捞为每套房子都安装了可以上网的电脑。

在海底捞，员工可以享受一个特权：基层服务员可以享有打折、换菜甚至免单的权利，只要在事后进行口头说明就可以了。

关于海底捞被人称为"变态式服务"的细节服务，比如发圈、眼镜布等，最开始的时候只是一个自发的想法。员工提出新建议，大家讨论后觉得可行就会去实施。包丹袋就是这个想法的代表，这是一个防止顾客手机被溅湿的塑封袋子。由于是一名叫包丹的员工提出这个创意的，即用员工的名字命名。这种命名的方式既能实现他的价值，也是对他的尊重，很多员工都有很多不错的创意，要给他们提供机会。当包丹袋在其他店也开始使用的时候，这些店会给这位员工交纳一定的费用。

在海底捞的管理者看来，管理者一个人的智慧是不够的，在海底捞，很多富有创意的服务都是由员工创意出来的，因为他们离顾客最近。

这就是海底捞对员工进行感情投资的强大作用。海底捞对员工进行了巨大的感情投资：在员工需要帮助的时候给予员工帮助，关心员工的生活体验……这种种行为都相当于给员工打了一针强心剂，让员工知道企业对自己是如此的重视和关心，员工也因企业对自己这样的"投资"，紧紧地凝聚在企业周围。如果每一个企业都能像海底捞一样去感动员工，感动就会变成一种力量，把你的下属拧成一股绳，企业就会充满积极向上的精神。

作为领导者，你要去爱你的下属，试着去感动他们，把他们当成是企业这个大家庭中的一员，让他们感受到企业的温暖。当下属被你"感动"了之后，他们所表现出来的对企业的热爱才是真正发自内心的。

人是这个世界上感情最丰富的一个群体，借助感情来经营你的企业，你将会收获到巨大的财富。因为，每个人都不是仅仅围绕着物质利益而活的。人有精神需求，有互相交流感情的需要。这一点，在当今社会体现得尤为明显。满足了一个人的这种精神需求，他就会更加信服于你，更愿意为企业付出自己的努力。这样，企业肯定充满活力，充满凝聚力，充满竞争力。

一张一弛，让员工知耻而后勇

员工在犯了错误之后容易因为揣摩领导的处罚措施或者想办法应对领导的处罚而影响干劲。面对这种情况，管理者如果一味地斥责施威往往会打击到属下的工作热情，如果怀柔放任有可能会让其有恃无恐，从而不认真工作。因此刚柔相济、恩威并施是解决这个问题的最好方式，把握住"刚"与"柔"的技巧通常能够取得非常好的效果。

孔子云：一张一弛乃文武之道。管理中的"张"即为施威，目的是让犯错误的属下了解这个错误的严重性，同时加以警惕；"弛"即为怀柔，目的是以恰当的方式温暖和稳定人心。优秀的管理者往往都能合理地运用这两个方面，让自己的下属既能够从自己犯的错误中得到教训并在以后的工作中避免，也能够对领导心怀感恩，勉励自己在以后的工作中更加努力，将功补过。这就是"恩威并施"达到的效果。

日本著名企业家松下幸之助就是一个享誉世界的优秀管理者，松下幸之助在多次访问中都提到激励员工的方法，在讲到如何处理那些犯错的员工时，松下幸之助特别强调，如果处理不到位的话很容易使其降低工作热情，丧失干劲。面对这种情况，最好的处理方式其实就是"打个巴掌再给个甜枣"。

有一次，松下幸之助的部下后藤犯了一个大错。松下怒气冲天，一面用挑火棒敲着地板，一面严厉责骂后藤，言辞犀利基本上让后藤都抬不起头来。骂完之后，松下注视着挑火棒说："你看，我骂得多么激动，居然把挑火棒都扭弯了，你能不能帮我把它弄直？"这是一句多么绝妙的请求！后藤自然是遵命，三下五除二就把它弄直了。松下看到自己的斥责已经让后藤认识到自己的错误了，就说："你这么聪明，在这种地方犯错误，我都替你感到遗憾和不解。"随之，松下淡淡地赞美后藤本质的优点。

至此，后藤一肚子的不满情绪，渐渐烟消云散了。更令后藤吃惊的是，他一回到家，竟然看到太太准备了丰盛的酒菜等他。"这是怎么回事？"后藤问。"哦，松下先生刚来过电话说：'你家老公今天回家的时候，心情一定非常恶劣，你最好准备些好吃的让他解解闷吧。'"此后，后藤自然是干劲十足地工作了。

松下幸之助的管理一向张弛有度，恩威并施，在后藤犯错之后责骂是对后藤犯错的"必要惩罚"，在这个程序中松下幸之助丝毫不留情面，为的是让后藤知道自己犯的错误有多严重。在感觉到后藤得到教训之后，松下让后藤修复挑火棒并且借机赞扬后藤的优点，表示出自己对后藤犯错的惋惜，让后藤明白自己责备他是为了他好。最后私下告知后藤的妻子给后藤准备丰盛的酒菜，是以怀柔的手段告诉后藤自己还是非常重视他的。这三步走下来，从刚到柔的管理，最终激励起后藤自强的工作干劲。由此可见，把握属下犯错的机会，让其知耻而后勇，采取恩威并施的方式往往是非常有效的。

恩威并施虽然在激发干劲中非常有效，但管理者应用的时候也要讲究火候，把握刚与柔的度。

曾国藩认为：人不可无刚，无刚则不能自立；人也不可无柔，无柔则不亲和。刚柔相通才是完美的方式。刚是一种威仪、一种自信、一种力量、一种不可侵犯的气概，管理者需要让属下看到自己的这种威严，这样才能让其听从自己的管理，取得执行力；柔是一种施恩、一种笼络、一种让人感于心而施于行的动力，管理者需要给属下这种动力，才会激发出属下内心的工作干劲。

激将，利用好员工的自尊心

当员工由于遭受挫折、犯了错误而缺乏信心时，为了使其重新振作精神接受自己的意见和安排，有时上司会用语言贬低他、刺激他，从而激发起他强烈的自尊心，取得激发干劲的效果，这就是激将法。在人才的运用中，如果能够运用激将法对员工或者属下进行管理，将会收到意想不到的效果。

汤姆是一家广告公司的策划总监，这天汤姆正走在回公司的路上，这是他第四次拿着公司的广告策划案被客户拒绝了。汤姆明白，其中的原因是因为最近公司团队整体没什么干劲，创意、策划、设计……几个老伙计没什么激情，看来是工作时间太长了有点麻木，这几个老伙计一不缺钱二没梦想，关键是汤姆虽然是总监，但是年龄比他们小太多，什么办法能激励起他们的干劲呢？

一回到公司，汤姆就大发脾气，但是不是责怪自己人，而是责怪客户。"太不像话了，不干了不干了，什么客户，懂不懂艺术？！""怎么啦？"老伙计们问汤姆。"客户又没同意咱们的提案，这也就算了，关键是他们说咱们的广告做的差，一无是处，创意低级，文案幼稚，美术没有时尚感，更让人窝火的是他还说咱们肯定做不出好的广告。听了这话我当时就火了，不给他干了还不行？"几个老伙计一听也火了"汤姆，干，还得好好干，让这个客户看看咱到底行不行！你年纪小不明白，输钱不输士气，败阵不败荣誉。你等着，我们几个好好整一套广告出来，告诉这个客户咱到底什么实力，我让他来求着咱给他做广告！""行，我听你们的！"汤姆心中暗笑。

汤姆的激将法用得非常精彩，而且一系列话语和表演都是在给老伙计们看。首先他假意生气，以同一战线的身份为团队打抱不平。汤姆知道团队中的老伙计肯定会因为这些羞辱而愤怒，所以汤姆毫无保留地以客户名义批评自己团队的广告，引起老伙计们的不满，激发他们想要证实自己实力和维护团队荣誉的心态，从而充满干劲。

激将法是利用对方内心的羞耻感和荣誉感来激怒对方，这种激怒并不是要让对方生气、犯错，而是要激发出对方强烈的自尊心。当一个人的自尊心受到冲击的时候，往往会有一种想证明自己的心理状态，进而激发出强烈的动力和干劲。

批评员工前要做足功课

俗话说，金无足赤，人无完人。任何人都有犯错误的时候，作为重要的管理手段之一，批评的最大作用在于纠正下属的错误，使其保持正确的做法和行为，并寻找最佳的工作方式。从管理效果的角度上来说，批评的唯一功能是使下属在下次同样的场景中避免再出错误，表现得更好。

为了实现这个功能，就需要管理者在出言批评下属前，先做好调查工作，比如要充分了解下属犯错误的原因和过程，错误的严重程度和最坏结果。一般的经验是，对情况了解得越透彻，批评时就越能切中要害。这就要求管理者不要对下属滥加批评，或是一看到表面现象就冲动论断，否则只会让批评效果适得其反。

另外，管理者在批评之前要弄明白批评的目的。做任何事情都需要目的，批评也不例外。很多人往往把批评单一地看作是对下属既往行为的意见和指正，实际上，从管理的动态上来看，批评是管理中的一个环节，通过批评能够使下属知道领导的意见。更为重要的是，要通过批评使下属知道未来应该怎么办，只有这样，才能在未来做得更好。

正在和同事有说有笑的李明，口袋的手机突然响了。一看是经理办公室的电话，李明接通忙说："经理——""小李，你到我办公室来一趟！"销售部经理"啪"的一声挂了电话，让刚刚还有说有笑的李明一下子心惊胆战，忐忑不安地走进了经理办公室。

"你最近怎么回事，自己看看这个月的销售成绩多差劲。你看看别人，就连新来的小孙也比你强。我给你这么高的工资，你还不好好工作，你这个销售冠军还能坐得住？别再提加薪的事了。"李明还没来得及开口，就被经理一顿炮轰，接着经理把一叠厚厚的报表扔到他面前。

"经理，你听我解释。"李明本想趁机把工作中的问题与经理沟通一下。

"我不想听解释，自己回去好好反省吧。我给你一次机会，要是下个月你的业绩还不能上来，那你的年终奖金就不发了。好了，我还有事。"经理不耐烦地摆手示意欲言又止的李明出去。

满脸委屈的李明无奈地走出经理办公室，想起经理那咄咄逼人的架势，心里就窝火得厉害。由于被经理分派到刚开发的市场，客户数量不多，销售额自然不能与成熟市场相比，而小孙虽说是新员工，但一进公司就被安排到原有的老市场，客户源稳定充分，客户关系网坚固牢靠，销售业绩自然不错。李明觉得经理只看数字，不问事实，心里很委屈，工作情绪也不高了。

在实施批评的过程中，管理者首先要做到的事情是肯定对方所做的事情中的好的部分。也就是说，在批评之前先进行表扬和肯定。美国著名企业家玫琳凯经常采取"先表扬，后批评，再表扬"的做法。比方说，有的人遇到一件事情，事情做得不够好，大多数情况下，如果直接去批评，效果一定不好，要先使用赞美，然后使用小小的批评，最后再去赞美，这样就好多了。

其次要明确、直接和客观地指出他的不足或错误。管理者在批评员工时一定要尊重客观事实，我们批评的是错误的行为，而不是对方本人，请记住批评应对事不对人。批评要尽可能以友好的方式结束，管理者可以对此进行鼓励或提出希望，微笑着说："我相信你会做得更好"或者"我期待看到你在工作上有更出色的表现"等。

批评的功能是促使下属进步，所以在批评实施过程中要注意人的培养。成长性是个人在组织中追求的一个目标。教他并且让他成长，能够对他产生最大激励。这种境界的提高，往往能够消除他受到批评以后的不良情绪，反而让他动力更足。

管理者切记不要将批评当作个人情绪的发泄渠道。如果仅仅是不满情绪的发泄，那么这个批评的实施将会毫无意义。因为你不能通过批评得到什么，反而会不利于将来工作的开展。在批评下属的时候，一定要明白，下属本来就和你有所不同。他们可能在某些方面比你出色，但从整体来说，还是比不上你，比如资源和经验不足等。在批评实施过程中，要对下属的错误有所宽容，并不是任何错误都需要严厉批评。

管理者应掌握的四大批评技巧是：

（1）批评要秘密进行。当众批评会增加他的心理负担。正确的做法是和他单独交谈，让他体会到管理者对他的关怀，进而使他愿意正视自己的问题与错误。但并不是所有的批评都要秘密进行，当一个错误出现时，别人在未来工作中也有极大可能重复犯错时，需要公开批评，以示警示作用。

（2）批评要直接。管理者常见的批评误区是力求自己的批评之词尽可能委婉。许多管理者因为担心被员工视为尖酸刻薄的主管，因而在批评员工时，总会再三斟酌用词，希望让批评的话语比较不具杀伤力。事实上正是因为用词足够委婉，批评的效果才大打折扣。正确的批评是应就实际情况，提出具体而正确的做法。

（3）批评要当面。人后不说闲话，批评也是如此，对下属的批评，一定要当面指出。这样管理者的意见和态度，才能被下属非常清楚地了解到，同时也有助于彼此交换意见。如果在背后进行批评，很容易引起误解，不仅有损自身领导形象，而且还会激发新的矛盾。

（4）批评时要采用恰当的用词。其表现在两个方面：一是不要使用戏谑言词，管理者以严肃的态度做出批评时，反而较容易为员工所接受。如果管理者以戏谑的口吻，很容易会被下属误解为讽刺；二是不要冷言冷语地批评，管理者不要讽刺挖苦、污辱人格或骂人，也不能嘲笑对方的生理缺陷，否则批评不仅没有成效，反而会适得其反。

给员工晋升的美好期待

人才是企业的资本，能够善于利用员工对工作的热情，并且适时给予训练和晋升，即使是庸碌之才也有不少被造就成才的例子。在日本就有不胜枚举的企业家是因为被领导者适时提拔而跃居重要岗位，然后使自己的才华充分施展出来，把企业推向新的高峰的。

某集团公司的主管经理对于公司外购成本过高一事一直十分头疼。后来，他找到了一个有效的解决之法——在他的办公室里装了一台特别电话。

这部特别电话对外不公开，专供集团内每个采购代理商使用，只要某个采购人员从供应商那里赢得了价格上的让步，他就可以直接给主管经理打电话。而且主管经理向员工们承诺，只要你为公司外购节约的成本达到一定的水平，就可以得到晋升的奖励，后来主管经理甚至将这一承诺上升为公司的明文规定。受这一规定的激励，公司的外购人员都积极起来，在和他人谈判的时候想尽办法为公司节约成本。事实证明，这一方法的确很有效，公司的采购成本大大降低了。

故事中的主管经理以晋升作为奖励激励了员工积极的干劲。晋升是对一个人价值的肯定，因此，被晋升的员工们积极地工作也是情理之中的事。管理大师德鲁克说：领导的终极任务就是要引导出员工永续的工作热情和希望，这是任何卓越领导者都必须明白的。要想引导员工永续的工作热情和希望，最好的办法就是给员工晋升的美好期待，这个美好的期待能最大限度地激励员工积极向上的工作热情。

晋升会让人产生回报，几乎没有谁会不怀感激之心。因此，管理者若是能够将一个出色的员工提拔到重要的岗位上，他在自己的自尊心得到满足，体会到自己的重要性的同时，也必会对赏识他的上司心存好感，积极配合上司的工作。所以，管理者一定要关心员工的成长，对他们的工作多鼓励、多支持，并及时给予肯定，使能力突出的人到更合适的位置上大胆发挥自己的长处，从而大大提升人才的使用价值。

你给他一点惊喜，他会给你无限回报

一个青年在沙漠里，口渴难耐，这时有人给了他一杯水，他立刻一饮而尽，觉得这水就是玉液琼浆，美味无比。走着走着，他又得到了一杯水，他觉得很满足。走出沙漠之后，到处都有饮用水，这时他喝什么水都觉得无味了。喝多了反而是负担，这时候的一杯水能带给他的幸福感几乎为零。

可见，人们从同一事物中得到的幸福感和满足感，会随着物品的增多而减少，也会随着周围环境的变化而改变，这就是所谓的"幸福递减定律"。

当一个人已经习惯了一种生活模式，当这种习惯了的生活模式让他感到生活已经毫无新意，给他一点小惊喜，能让他在惊喜中被你影响。

工作中，同样存在这种幸福递减的现象。在创业之初，企业的员工对自己和企业的未来充满了憧憬，因此每一个员工都会干劲十足地为实现自己的目标努力，无论再苦再累都觉得是幸福和值得的。随着时间的流逝和企业运行的平稳，员工们就像热恋的情侣进入到婚姻，再到老夫老妻的阶段，这种幸福和满足感越来越少。工作、生活就此开始平庸下去，曾经干劲十足的"飒爽少年"变成了"狡猾的职场老狐狸"，工作开始变得像一潭死水，没有半点涟漪。如果你的员工正走向这样的状态，你要赶紧刹车，挖空心思地给员工们增添一点小惊喜，就可以化腐朽为神奇，让员工们重拾工作干劲。

想一想你的下属有谁真的需要打气——然后给他一个惊喜，你甚至可以像下面故事中的纽曼一样做个淘气的管理者。

纽曼是一家广告公司的策划经理，每当他的下属们没有创意思路的时候，他总会发挥出自己幽默的风格，给下属制造些小惊喜激发下属的工作灵感。例如，在办公室的一条通道之间有一个公告板。纽曼每天都把有趣的剪报文章、海纳斯柯冰上曲棍球队的战绩及其他大家会感兴趣的东西，钉在木板隔间的外墙上，吸引大家驻足观赏。大部分人停下来阅读时，都会抓住隔间的上缘或边缘。这时，另一边的纽曼，便会偷偷给他们涂上颜色鲜艳的指甲油。这些"倒霉鬼"常在开会或是吃饭甚至回家后，才突然发现自己被涂得十分鲜艳的手指甲，却百思不解。这一行为给了许多员工咯咯暗笑的机会。除此之外，纽曼还会给那些没有灵感的员工们放放假，比如让他们出去喝喝咖啡、逛逛街，通常这些员工在第二天都能交上满意的策划案。

当公司的员工没有灵感时，纽曼用一些"小恶作剧"来调节员工枯燥的生活，让员工的生活不再死气沉沉；而给员工"放假"则是给员工们提供找灵感的机会，这两个制造惊喜的办法都是一种无形的激励，能在无形中激发员工的工作乐趣，进而让员工重新鼓足干劲。他的做法对员工来说也是一种突如其来的惊喜。工作中，若能鼓励员工自发地提升工作的品质，他们会觉得工作更有乐趣，工作的兴致也会更高。

有位经理人在部署工作特别繁重时，会在部属桌上放一盒茶包，还有一小罐泡泡沐浴精，附上一张纸条，请他们晚上"好好犒赏自己一番"。甚至还有管理者会在自己工作的会计事务所报税季节期间，在每位同事桌上放一包"救生圈"牌薄荷糖，外加一张纸条："撑下去——只剩下 21 天啦！"

出乎意料地给员工惊喜，就像是给在一潭死水的工作状态下工作的员工一剂强效的调味剂，它能让员工们重新感受工作带给他们的美好。因此，管理者应学会不时地给员工们创造一点儿意外惊喜。

高端定位让员工倍感重视

企业以人为本，人以心为本，因此聚拢人心增强凝聚力是企业基业长青的原动力，也是企业团队生存的核心竞争力和发展的第一战斗力。想要得到人心所向的团队工作氛围，最好的方法从来都不是强制性地驭人之术，而是抓住人心，激发人的行动力、凝聚力和忠诚意识。

一家规模很大的精神病院的医生说："有不少人进入疯人院，是为了寻求他们在正常生活中无法获得的受重视的感觉。"据一些权威人士表示，甚至有人会借着发疯来从他们的梦幻世界中寻求自我满足。假如人为了求得他人重视，连发疯都在所不惜，那么在潜移默化中"给对方一个高端的定位"所表达出的重视的影响该有多大？

管理大师德鲁克说过这样一句话：卓有成效的管理者会对自己和下级都要求高质量地进行工作。在德鲁克看来，管理者单单强调爱护员工、帮助员工、同员工搞好关系，是远远不够的。这些因素并不是是否利于管理者培养人的必然要求，要想让员工充分发挥自己的潜力，不仅要做到上面这几点，还要对对方有一个高的要求。换句话说，就是要在潜移默化中给对方一个高端的定位。

斯坦梅茨是一位拥有异常敏锐的观察力和无法估计的才能的人。然而，在他就任通用电气公司的行政主管时，他所管理的事务却乱作一团，因此，他被撤销了行政主管一职，而担任顾问兼工程师。那么，怎样才能使这样一个事业上受挫的人不遗余力地投入到工作中、为公司效力呢？

这时，高层管理人员运用了一些奇妙的驭人策略。他们给予了斯坦梅茨一个耀眼的更高端的定位——"科学的最高法院"。一时之间，几乎公司上下所有的人都知道：有一个叫斯坦梅茨的工程师非常了不起，他被称为"科学的最高法院"。而斯坦梅茨也极力维护这个更高端的定位所带给他的荣誉，他不遗余力地工作着，创造了很多奇迹，为通用电气的发展作出了极大的贡献。

更高端的定位是一种公开化的赞誉，面对它，几乎没有人能够真正抗拒其影响。案例中的斯坦梅茨就是被管理者更高端的定位洗脑了，他为此不遗余力地工作着，由此可见，更高端的定位能够让许多人激动不已，更能够激发他们的工作热情，当然，还能够赢得他们的忠诚。人们都希望自己是重要的，也都希望自己能被重视，利用人们的这一心理管理员工，总能收获到意想不到的效果。

事实上，要想获得他人心服口服的鼎力支持，给予他人合适的更高端的定位是非常有效的方式，这被无数事实反复证明是正确的。虽然更高端的定位并不能马上增加人的经济收益，但却可以在极大程度上满足人的自我成就感。很多人都通过给予对方一个光辉闪耀的更高端的定位来获得对方的鼎力协作。

许多事业上卓有成就的人成功的原因是他懂得驭人之术。而其中最重要的一点，也即最有效的一点就是：为对方高端定位，特别是在潜移默化中让对方感到自己很重要。因为每个人都想获得来自他人的尊重，得到别人的重视。这一点在生活工作的方方面面都是适用的，如果你想得到一个人的支持，那么，不妨满足他希望自己在别人看来很重要这个需要。

美国著名企业家杰克·韦尔奇说："天下最易使人颓丧不振、冲劲全失的就是来自上级主管的批评、责骂。"抛开那些伤人的话语，随之以各种各样的方式告诉对方可以成为一个更"高端"的人，受到肯定的人会在不知不觉中被你的尊重与肯定洗脑，进而全力以赴地做得更好。在潜移默化中给员工高端定位，他就能达到你的期望。下面的几个高端定位法可以作为管理者聚拢人心的参考。

1. 把公司的发展目标说出来

领导者要让员工了解工作计划的全貌及看到他们自己努力的成果，

员工越了解公司目标，对公司的向心力越高，就会越愿意充实自己，以配合公司的发展需要。所以领导者要弄清楚自己在讲什么，不要把事实和意见混淆。

员工非常希望你和他们所服务的公司都是开放、诚实的，能不断提供给他们与工作有关的公司重大信息。若未充分告知，员工会对公司没有归属感，能混就混，不然就总是想换个新的工作环境。如果能获得充分告知，员工不必浪费时间、精力去打听小道消息，也能专心投入工作。

2. 授予他们权力

授权不仅仅是封官任命，领导者在向员工分派工作时，也要授予他们权力，否则就不算授权，所以，要帮被授权者清除心理障碍，让他们觉得自己是在"独挑大梁"，肩负着一项完整的职责。方法之一是让所有的相关人士知道被授权者的权责；另一个要点是，一旦授权之后，就不再干涉。

3. 给他们好的评价

有些员工总是会抱怨说，领导者只有在员工出错的时候，才会注意到他们的存在。身为管理者，最好在日常工作中尽量给予员工正面的回馈，就是公开赞美你的员工，至于负面批评可以私下再提出。

4. 听他们诉苦

不要打断员工的汇报，不要急于下结论，不要随便诊断，除非对方要求，否则不要随便提供建议，以免流于"瞎指挥"。就算员工真的来找你商量工作，你的职责应该是协助下属解决他的问题。所以，你只要提供信息和情绪上的支持即可，并避免说出类似"你一向都做得不错，不要搞砸了"之类的话。

5. 奖励他们的成就

认可员工的努力和成就，不但可以提高工作效率和士气，同时也可以有效建立其信心，提高忠诚度，并激励下属接受更大的挑战。

6. 提供必要的训练

支持员工参加职业培训，如参加学习班，或公司付费的各种研讨会等，不但可以提升员工士气，也可提供其必要的训练。教育训练有助于减轻无聊情绪，降低工作压力，提高下属的创造力。

体贴入微，用好感情效应

讲究情义是人性的一大弱点，中国人尤其如此。"生当陨首，死当结草""女为悦己者容，士为知己者死"，无一不是"感情效应"的结果。上司大都深知其中的奥妙，不失时机地付出廉价的感情投资，对于拉拢和控制下属往往能收到异乎寻常的效果。

有许多身居高位的大人物，会记得只见过一两次面的下属的名字，在电梯中或门口遇见时，点头微笑之余，叫出下属的名字，会令下属受宠若惊。富有人情味的上司必能获得下属的衷心拥戴。有人说："世界上没有无缘无故的爱。"上司对下属的一切感情投资，都应作如是观。

吴起是战国时期著名的军事家，他在担任魏军统帅时，与士卒同甘共苦，深受下层士兵的拥戴。当然，吴起这样做的目的是要让士兵在战场上为他卖命，多打胜仗。他的战功大了，爵禄自然也就高了。"一将功成万骨枯"！

有一次，一个士兵身上长了个脓疮，作为一军统帅的吴起，竟然亲自用嘴为士兵吸吮脓血，全军上下无不感动，而这个士兵的母亲得知这个消息时却哭了。有人奇怪地问道："你的儿子不过是小小的兵卒，将军亲自为他吸脓疮，你为什么哭呢？你儿子能得到将军的厚爱，这是你家的福气哪！"

这位母亲哭诉道："这哪里是在爱我的儿子呀，分明是让我儿子为他卖命。想当初吴将军也曾为孩子的父亲吸脓血，结果打仗时，他父亲格外卖力，冲锋在前，最后战死沙场；现在他又这样对待我的儿子，看来这孩子也活不长了！"

人非草木，孰能无情，有了这样"爱兵如子"的统帅，部下能不尽心竭力，效命疆场吗？作为上司，只有和下属搞好关系，赢得下属的拥戴，才能调动起下属的积极性，从而促使他们尽心尽力地工作。俗话说"将心比心"，你想要别人怎样对待自己，那么自己就要先那样对待别人。只有先付出爱和真情，才能收到一呼百应的效果。

日本著名的企业家松下幸之助就是一个注重感情投资的人，他曾说过："最失败的领导，就是那种员工一看见你，就像鱼一样没命地逃开的领导。"他每次看见辛勤工作的员工，都要亲自上前为其沏上一杯茶，并充满感激地说："太感谢了，你辛苦了，请喝杯茶吧！"正因为在这些小事上，松下幸之助都不忘记表达出对下属的爱和关怀，所以他获得了员工们一致的拥戴，他们都心甘情愿地为他效力。

一般来说，上司笼络下属的手段，不外乎官职、钱财两种。对下属体贴入微的态度，能给下属最大的满足，甚至会使他们产生受宠若惊的感觉，因而感恩戴德，更加忠心耿耿地为其效劳。有些人只是一味地向欲拉拢的一方施以恩惠，特别是对那些自己以为将要用到的人，更是如此。其实，收拢人心，最重要的是要针对对方的心理。给地位卑贱者以尊重，给贫穷者以财物，给落难者以援助，等等，这才是收拢人心最有效的方式。

比如，现代人都习惯祝贺生日，生日这一天，一般都是家人或知心朋友在一起庆祝，聪明的上司则会"见缝插针"，使自己成为庆祝的一员。有些上司惯用此招，每次都能给下属留下难忘的印象。或许下属当时体味不出来，而一旦换了上司有了差异，他自然而然地会想到你。

给下属庆祝生日，可以发点奖金、买个蛋糕、请顿饭，甚至送一束花，效果都很好，乘机献上几句赞扬和助兴的话，更能起到锦上添花的效果。

如果一位普通下属住院了，上司亲自去探望时，说："平时你在的时候感觉不出来你做了多少贡献，现在没有你在岗位上，就感觉工作没了头绪、慌了手脚。安心把病养好！"那么，员工会受宠若惊，出院后更加卖力的工作。

有的上司就不重视这一点，其实下属此时是"身在曹营心在汉"，虽然住在医院里，却惦记着上司是否会来看看自己。如果上司不来，对他来讲简直是不亚于一次打击，不免会嘀咕："平时我干了好事，他只会虚情假意地表扬一番，现在我生病了他一点也不放在心上，真是卸磨杀驴，没良心的家伙！"

体贴入微是上司发挥影响力的重要手段，有时几句动情的话语，几滴伤心的眼泪往往比高官厚禄更能打动下属的心。体贴入微是一种感情投资，可谓一本万利。

第八章

因人而异，才能管出成效

与狂傲者有的放矢地相处

在管理工作中，经常会碰到各种各样的下属，他们可能不是企业的核心人物，但管理不好有可能影响到整个团队，所以，作为领导要学会因人而异地管理他们，让他们为自己所用。

在职场中，有的下属仗着自己才高，就目空一切，恃才傲物。谁都看不起，包括自己的领导，但他又有一手好技术或绝活，团队离不开他。因此，领导者掌握这种下属的个性并学会与之和谐相处，是非常有必要的。

身为领导者必须拥有一颗宽容的心——宰相肚里能撑船嘛。时刻保持冷静，以宽容的态度对待那名不把你放在眼里的下属，不仅仅是为了更进一步地在员工心中树立起成熟稳健的形象，实际上，你的做法本身也是对他的一种教育。

在美国前总统富兰克林·罗斯福还是个心高气傲的年轻人的时候，曾在海军内的一个部门担任副官。而他的顶头上司是一位年长而和蔼的老人，他总是对罗斯福微笑着，尽管罗斯福常常对他表现出傲慢无礼，甚至骂他"老古董"。但这位老上司几乎对罗斯福的每一个意见都仔细地考虑和研究，对其略加改动后立即采纳。这令罗斯福愈发自信，并且对工作投入了更大的热情。他们的合作渐入佳境，老人依旧和蔼如故，罗斯福却逐渐抛弃了激进傲慢的性格，他感到有种力量在改变他，但他却不知道那是什么。许多年之后，当他已不再是个毛头小子的时候总是不自觉地回忆起那段时光，老人的无私豁达让他时常为自己过去的行为自责。同时，罗斯福也逐渐明白了老上司的良苦用心。

一个人狂傲未尝不可，但狂妄就不好了。自命不凡，以为自己是旷世之才，老子天下第一，前无古人后无来者，如果一个下属狂妄到了这种地步，那真是叫领导者头痛。如果领导者掌握了他们的心理后，就可以有的放矢，采取有效的方法来和他们接触。

（1）用其所长，切忌压制打击或排挤。恃才狂傲之人，大都有一技之长，否则，就没人买他的账了。因此，领导者在看到他短处的一面时，一定要有耐心地与他相处，要视其所长而给予任用，而绝不能因一时看不惯，就采取压制的办法，把他搁在一边不予以重用。这样，只会让其产生一种越压越不服气的逆反心理，在需要用他的时候，他就可能故意拆你的台。因此，领导者碰到这种人时，可以想想刘备为求人才三顾茅庐的故事，究竟你是在为整个集体的利益，而不是为你个人的利益在求他、和他接触。因此，在这种人面前，即使屈尊一下也不算掉价。

（2）用其短挫其傲。狂傲之人虽然在某些方面、某个领域内才能出众，但他也有他的不足和缺陷。因此，领导者也可利用这点来让他自己看到自己的不足，以自我反省，减低自己的傲气。譬如，领导安排一两件做起来比较吃力，甚至不可能完成的工作让他做，并事先故意鼓励他：好好做就行，失败也没关系的。如果他在限定的时间内完成不了，领导仍然安慰他。那么，他可能就会意识到自己先前的狂妄是错误的，并会从此改正。

（3）要敢担担子，以大度容傲才。骄傲人干什么工作都掉以轻心，即使再重要、再紧迫的事情，他们也会表现得漫不经心。所以，常常会因其疏忽大意而误事。作为上司切不可落井下石，一推了之，要勇敢地站出来替部下担担子，使他感到大祸即将临头，领导一言解危。日后，他在你的面前便不会傲慢无礼，甚至会对你言听计从。

对性格不同的员工进行差别化管理

并非每一个员工都是十全十美的。性格上有问题的下属，是管理上较为棘手的一环。他们的工作习惯、态度和对人生的看法不只影响他们本身的工作绩效，动辄会将个人情绪公然发泄，很容易影响其他同事的士气和生产力。因而，身为管理者，不要忽视下属性格上的问题。

1. 易怒型

小刘在一家化学工厂修理部门担任机械修理工作，他的技艺卓越却不太合群，容易为一点小事大动肝火。上个星期他再三以有人偷了他的工具为由，要求主管出面解决，否则，他将如法炮制地拿走别人的工具作为补偿。

小刘不懂得克制自己的情绪，经常大发雷霆。这种人在感情上通常是不够成熟的，同时也有强烈的自卑感，公司的纪律虽然无法改掉一个人的坏脾气和蛮不讲理，但至少要让他知道公司并不姑息乱发脾气的行为。当一个人情绪激动的时候，你应该仔细聆听，而不要发言。

2. 脆弱型

假设你在公司的高级系统部门担任监督工作，下属共有五个程序设计师。管理上的政策是将旧有的作业转换成电脑作业，但今天你才发现，进度无法配合总经理的要求。他要求你和每个程序设计师私下会谈，就他们在进度上的落后提出批评和检讨。这时你面临的难题是一个叫李萌的下属，她感情脆弱，别人的批评很容易让她有受伤的感觉。上个星期她就曾因为你针对她的工作提出质疑而多次流泪，现在你该如何面对她？

与这类人交往时，你的措辞应力求小心、谨慎，尽量少以个人的立场发言，而要强调"我们"和"公司"。小心，不要让对方有被轻视的感觉，更不可伤害对方的自尊心，而要把握机会称赞她在工作上的表现。

同时，对于感情上容易受伤害的下属，主管必须再三鼓励，并以他的某一项成就作为话题。同时你也应该让对方知道，执行公司决策而发生差错，和个人的能力不一定有关，不必因此而丧失自信。

3. 消极型

一名工程师在你掌管下的质检部门任职已有3年之久。他生性悲观，凡事总以悲观的态度看待，诸如举出各种理由来证明目标无法达到，新的构想无法开展；对于新观念又不抱希望，他墨守成规，认为保持原状才是明智之举，因而很难让他对工作产生热情。因此，你很难确定他是否肯在整修故障和提高质量上面花心思，另外你又担心他凡事消极的态度会影响到其他同事，因而不愿意让旁人和他共事。

当他下次重谈消极悲观的论调时，你可以要求他不要一味地否定，应该提出积极且有建设性的意见。假如他表示某件事行不通时，你就让他找出可行的方法，这样做可以帮助他尊重那些在工作上有建设性意见的人。

想让这位工程师成为一个积极乐观的人并非易事，你不要奢望他会脱胎换骨，因为一个人的本性是根深蒂固的。但是只要借适当的时机，让他了解凡事采取消极的看法不一定妥当时，他就会变得比较能合作共处。当你面对他时，必须保持一贯乐观进取的态度，尤其是接受一项艰巨的任务时，更应该以肯定乐观的态度让他知道你充满信心，如果他一向尊重你，就会信心倍增。

4. 独立型

你的一名下属从事撰写广告方案的工作，他颇具创意，但独行的作风常和传统的工作规范格格不入。他虽然能将自己分内的工作圆满完成，且创造出令人耳目一新的风格，但他迟到的次数频繁，并经常以私事为由请事假。另外，你也讨厌他和客户接洽时的那种吊儿郎当的行为。其他的广告人都穿着公司规定的服饰，并照规章办事，但这位先生的穿着和举止却是随兴而至，自行其是。

对待这种人你应该慎重。从各方面看来，或者是任何人都改变不了这位下属的处事态度。他的出身与背景造就了他目前的习性，而他显然对自己和所从事的工作都很满意，因而才会形成漫不经心的态度。你应该从不同的角度去观察，然后再决定是否以个人的喜好，或者是从实际的观点来处理双方的关系。假如他从事的工作在质和量两方面都不会因为不良的工作习惯而受到影响，而客户也没有不良的反应，那就另当别论。

身为主管的你，或许会为了这种特立独行的下属而感到左右为难，因为你很难衡量他的行为是否触犯了大忌，是否危害到公司的利益。大多数的情形下，你只需认清自己所面对的问题，善加处理即可。这种人颇具自我意识，独立性强、不易驾驭。像这样富有创意和才华的人，不适合用寻常的方式来管理。公司可正视他们的才能和表现，针对他的个性制定出一套适合他们的管理方式，不可排斥他们。

才华横溢的人需要更多的个人自由，组织可设法提供更开阔的园地让他们孕育新的构想、施展自己的才华。他们的创造力会因为不断地挑战而日趋成熟；反之，一成不变的工作只会扼杀他们的天赋。他们喜欢从事一种别人力所不能及的工作，并以取得突破性的成就而自豪。等你对他们的作风司空见惯之后，就不会把他们当问题人物了。

要学会正确对待亲者。一般来说，管理者都有与自己关系最密切、情感上最亲密的朋友、同事和亲属，这就是所谓的"亲者"。亲者当然是与自己最"谈得拢""合得来"，自己最信任的人。但作为组织的管理人、管理者，必须对亲者进行合适的心理调整，要对亲者保持一定的距离。对本组织人才的任用和选拔，不能受个人情感的影响，要任人唯贤，不可任人唯亲。

与自己闹对立的人往往就是自己的一面明镜。一般来说，与自己闹对立的人数不会太多，但他们往往代表着一部分人的想法与观点，因此，能否慎重地处理好与他们之间的关系，往往关系到能否团结一批人的问题，多原谅对方的缺点和错误，是管理者应该坚持的原则。一方面，尽量避免与他们的冲突和纷争，在非原则性问题上可以多忍让；另一方面，应该把他们的反对意见看作是自己在事业上取胜的条件。

在当今时代，市场竞争归根结底是知识和人才的竞争。要使组织兴旺发达，管理者必须尊重人才、爱才如命，绝不可妒忌才能高于自己的人，学"武大郎开店"，而要敢于任用有才能的人，这样一方面有利于提高整体效率，另一方面也有利于管理者建立和巩固自己广泛的关系网，为自己以后的事业奠定坚实的基础。

别让个人英雄成为团队的主导

现代化企业之中，制度建设很完善，部门分工明确，多数工作都需要相互协作才能完成。如果员工不能融入团队，在团队中显得极不合群，往往以个性主导团队运行规则，这样的员工即使再优秀、再有能力，也不足以委以重任。

因为现代企业更注重团队协作精神，拒绝崇尚个人英雄主义。企业管理者更应该注意的是：因为地位的特殊性，企业的领导者更容易成为企业的"个人英雄"。切记不能为逞个人英雄而使企业的长期发展陷入隐患。

惠普公司前总裁格里格·梅坦曾说："企业的领导不能成为团队的主宰者，尽管企业的领导具有超强的能力，是团队中英雄级人物。"

他还说："作为领导者，我对该组织的构想当然重要，但是仅仅有我的构想还不够。我的观点是我最重要的领导资产，同时也给我带来了最大限度的限制。我认为，老板是轮毂，员工是轮辐，员工之间的谈话以及人际关系的质量是轮边。如果因为同事之间不能解决相关问题，所有的决策都需要通过轮毂，那么这个组织创造价值的能力就会受到老板个人明智程度以及时间的限制。这显然不能造就高效运营的团队。为了创造一种'轮边'会谈，老板就必须有意识地说明什么事情应该由轮毂来解决，什么事情应该由轮辐来解决。"

他还举例说明：那些来自世界各地的员工在伦敦相聚，作为老板的他并不参与，因为他们正在寻找解决一个复杂并且有争议的问题，他已经为他们创造了这一"轮边"会谈。他不希望因为自己的出现而使会谈没有结果。后来，果不其然，他们的会谈很成功。

曾几何时，"万家乐，乐万家"的广告语响彻大地，空调行业对拥有热水器行业龙头品牌背景的万家乐空调寄予了厚望，期望万家乐带领民族企业在国际市场上创造奇迹。在万家乐空调 2002 年 3 月 15 日产品上市之后，广大的经销商就投入到销售万家乐空调的队伍中。然而，好景不长。万家乐空调在国内空调市场上销售了一年多之后，于 2003 年年底爆出被珠海市中级人民法院查封的消息。

一颗冉冉升起的品牌瞬间陨落。万家乐的失败就是典型的因为个人英雄主义主导团队而引起的失败。万家乐空调老板陈雪峰是个典型的具有"个人英雄主义和独裁治理"特征的人。在陈雪峰的心中一直隐藏着像张瑞敏、李东生、黄宏生一样，做中国家电业的顶级风云人物的野心，因此他独断专行，不纳谏言，不但在公司战略上以卵击石，以微薄之力进军大家电。在公司内部治理上，陈雪峰自高自大，以为凭借自己的个人英雄主义就可以吞并天下。

陈雪峰从来都听不进业内资深员工的忠告，动辄对员工大发脾气。在人员使用上，陈雪峰仅凭自身好恶任意任免高级管理人员。由此带来的影响是，万家乐空调的品牌负责人换了一任又一任。公司的企业文化不成体系，缺乏企业精神和足够的凝聚力，导致中下层员工缺乏归属感，结果公司上下人心涣散，最终落得失败的下场。

所有的老板都不应该让个人英雄主导团队，不应该过分强调个人的效能，应该极其重视个人与个人合作所产生的效能。现代社会现代组织，仅凭一个人的能力和经验已经不能应对所有工作。在任何一个成功的团队里，即使你不是一个受大家敬重的英雄，也是一个成功者。而假如团队失败了，则更没有英雄存在。

给桀骜不驯的员工来点下马威

作为一个管理者，应该让下属对自己有所畏惧，因为这样能够使他们服从管理。有些自恃有一定专长，或自恃短期内很难找人替代的员工，往往难以管束，视企业规章如无物。对于这种员工，管理者一定要实施严格管理，让其知过而改。

汉高祖刘邦之所以能在楚汉争霸中胜出，就在于他善于管人，在信任手下的同时，还时不时地找出适当的借口对大臣施威，使下属有所畏惧。

一次，萧何向刘邦上奏，说由于长安都城人口增多，田地不够耕种，请求把上林苑的荒废空地拨给百姓开垦。哪知刘邦看了奏章以后，却怀疑他是有意讨好百姓，收买人心，便怒气冲冲地传令把萧何抓起来，关进大牢内。

几天以后，一名卫尉见刘邦心情比往日好些，便上前跪问："陛下，相国犯了什么大罪，被关进监狱？"刘邦说："朕听说李斯做秦始皇的丞相，凡有善行就归功皇上，有恶行就自己承担。可是萧何竟然私受商人的钱，为他们请我的上林苑去讨好百姓，收买人心。所以应该治他的罪。"

卫尉说："陛下，臣以为萧相国无罪。宰相的职责是为民兴利，萧相国请开垦上林苑荒地正是他应尽之责。陛下怎么怀疑他是收受贿赂讨好百姓呢？"其实刘邦当然知道萧何素来谦恭，只不过想找个借口打击他一下，显示一下自己的权力，并未真想治萧何的罪。但此心思怎好让人知道呢？刘邦听完卫尉的一席话，假装沉默了一会，便命派使者持节将萧何赦免出狱。

经过这一次牢狱之灾，萧何意识到了刘邦的无情，以后行事更加恭谨了。

从管理的角度讲，我们不能说刘邦做错了什么，因为等到手下掌起大权耍起"大牌"的时候，再想去管恐怕也很难管得住了。

作为企业的管理者，也许每个人都希望拥有孙悟空那样的员工，因为他能为你披荆斩棘，让你的事业在激烈的市场竞争中始终技胜一筹。然而，如果孙悟空真的在你身边，你又不得不忧虑，因为他桀骜不驯，很难与其他员工和谐相处，又过于情绪化，偶尔再踢翻个炼丹炉，弄出一座火焰山，倒成了你前进的阻碍。像孙悟空这样同时具有惊人创造力与惊人破坏力的员工，既然舍不得他，那么该如何降伏他，让他乖乖听话呢？这个时候，对他进行适时的威慑，让他产生一些畏惧感，不失为一个好方法。

北京某名牌高校计算机专业毕业的林申苏具有非常强的专业技能，当初某知名IT公司也是看中了他的专业和才华而把他强力争取过来的。但是林申苏为人一向清高桀骜，自恃有着高于常人的才华，来到公司不久，就处处与自己的部门经理对着干。公司发现这种情况后，决定采取措施。恰好这时接到一个单子，要为某公司开发一套系统集成软件。这是一项非常艰巨的任务，因为涉及业务上的一个难题。当时公司就决定让林申苏作为核心成员来负责这个项目，部门经理帮他做一些相关的沟通和协调工作。

工作开始进行时，林申苏处处不把部门经理放在眼里，不仅不与他好好配合，还处处刁难。公司鉴于这种情况，决定给予林申苏一次严厉的警告，并把他从核心成员的位置上撤了下来，让该项目组的另一位成员来负责。至于林申苏呢，只能做一些辅助性的工作，并且必须严格服从项目负责人和部门经理的工作要求。

对此，林申苏非常不服，但又不想离开工作条件如此完善的公司，只能默默地听从公司的安排，气焰也随之消减了许多。部门经理把这一切都看在了眼里，主动约林申苏进行沟通。经过与部门经理的一番沟通，林申苏才意识到了自己的不对。公司人才济济，绝对不缺少自己一个人才，之所以不把自己辞掉，是念及自己的才华。想到这里，林申苏有些后怕，幸亏公司只是给自己一个处罚而没有将自己辞掉，否则，就失去了一个难得的发展平台。

经过这次事件后，林申苏的工作态度开始谨慎、谦和起来，工作业绩也得到了很快的提升，不久后就开始独立负责公司的重要项目，为公司的发展作出了许多成绩。

每个管理者都希望手下有几个能干的下属，可以放心地把工作交给他们。但是总有一些有业绩、有能力的干将，自恃学历高、工作能力强，在管理者面前狂傲不羁，不遵守企业制度和纪律，甚至在公开场合顶撞管理者，戏谑其他同事。这些员工对企业的管理工作造成了很大的负面影响。

如何才能管理好桀骜不驯的能人，是令每位管理者都很费脑筋的问题。管理者太柔，则员工易骄，难以控制；管理者太强硬，则员工易怨，凝聚力不足。这个时候管理者可以借鉴刘邦治萧何的方法，不时地给他们一些下马威，让他们从心里对你产生一丝畏惧感，这样就可以让他们收敛一下。

因势利导，制服"刺头"下属

有些下属，本事不大，牢骚不少，对自己的能力认识不清，总是觉得给别人做下属屈才。这不仅影响了领导的工作，更重要的是对工作环境造成了影响。这样的人，给他出个难题，让他在众人面前"显示"自己的"才能"，就能够封住他的嘴巴。给他一些难题，使他有自知之明，再辅以教育，会彻底解决他的自以为了不起的心态。

某研究所有位副科长因为没有被提拔为某重要课题研究室的负责人而心生不满，但是他不是从自己身上找原因，而是归咎于领导有偏见，因此对研究所的领导很是"看不顺眼"，到处散布所谓收礼受贿等之类的谣言，还屡屡向上级提出转业申请，严重影响了领导的正常工作。研究所领导对其进行了严肃的批评后，该副科长仗着自己的老资格，依然我行我素，成了有名的刺头。

为教育此人，领导决定指派他到研究室临时"帮助工作"，目的是让他找镜子照照自己。果然，干了一段时间后，该副科长自觉难以胜任，主动回到了原单位。于是，研究所的领导约见了他，告诉他：如果不思悔改，领导将考虑接受其转业申请，要不然就请他老老实实地做好自己的工作。至此，该副科长好像挨了当头一棒，头脑清醒过来，表示会彻底检讨自己的过错。

许多单位都有个别颇难对付的"刺头"下属。对待这些下属，作为领导，应该因势利导，热情帮助，积极督促他们改掉坏毛病，向着好的方向转化。

对待"刺头"员工，还有一种更高明的办法，即"一物降一物"。所谓一物降一物，就是利用下属的缺点、毛病来制服下属，或者利用下属之间的矛盾，指使这一下属去制服另一下属，领导不用亲自动手，就能达到控制下属的目的。

这种方法，不仅可以省去管理者不少精力和时间，而且可以彻底制服这些下属，化害为"利"，充分利用这些特殊下属为自己服务。"一物降一物"驾驭"刺头"下属常见的手段有：

（1）以严治恶人。某下属品行恶劣，不服管教，谁也制服不了他。领导特意将他交给一个以严着称的管理者整治，没用多少时间，该下属就变老实了。

（2）以懒人治懒人。张三办事不勤快，爱动嘴，不动手；李四干活节奏慢，干一天，歇半天。领导干脆将他们搁在同一个科室里，给他们下各项硬指标，并且指定由李四"管"张三。这样一来，他们谁也依靠不了谁，完不成任务都得受罚，没用领导费嘴，他们都变"勤快"了。

（3）以庸人治"恶"人。某下属虽才华横溢，但傲心十足，谁也看不起。为了控制他，领导故意让他接受某个德才平庸的中层干部管理。能人碰上庸人，有理说不清，有话听不懂，有事干不得，有才使不上……时间一长，锐气减退，棱角磨掉，成为一匹被驯服的马。

（4）以能人治能人。李四才华出众，傲气十足，经常顶撞领导；王五知识渊博，能力非凡，经常在领导面前发表不敬之词。于是，让他们都不能直接和领导打交道，将他们都交给精明强干、足智多谋的领导管理。

（5）以贪人治贪人。甲圆滑，待人处事爱占小便宜，从不愿吃亏；

乙也是如此。领导故意将他俩安排在一起，指定甲管理乙。由于两人都有同样的毛病，谁也不愿意吃亏，但也很难再做到事事都占便宜。时间长了，两人便达成默契，双方利益均摊，谁也不占谁的光。通过采用这种方法，限制了甲和乙的"危害性"。

上述手段，在运用时，只要适宜、对路，一般都能制伏"刺头"下属。

用事实来堵住牢骚之口

施布尔是一家大公司的一个小班长，手下管着十来号人，虽然每次他都能把上级交给的工作完成得井井有条，但上级都不太喜欢他，甚至有点烦他，但对他又无可奈何，因为在工作上他做得很优秀。那又为何这样呢？原来是每次上级部门给他这个班布置生产任务时，他总会抱怨："我每个月就拿这么一点点薪水，凭什么要交给我这么多任务。"

后来，这事被分公司的总经理知道了，在他派人对施布尔的工作作出详细考察后，不仅没有批评他，反而提升他为他所在部门的副经理。果然，他上任不久，就把这个原本效益不好的部门给弄得有条不紊，利润也增加许多。并且，他对于上级交给的任务也不再有抱怨声了。

要下属不发牢骚是不可能的，通常的情况是下属发牢骚领导听不见。作为领导，若听到下属发牢骚，首先要问，他们为什么会发牢骚？进而调查清楚他发牢骚的原因。

如果是因为他有能力和才干却受排挤或岗位不适当，则要给予他更合理的职务，以发挥其才能，平息他的牢骚。如果下属在性格上就是一个爱抱怨、爱发牢骚的人，则领导应借机会教育和警示他们，使他们改正。

例如：有些下属整天抱怨工资太低、领导看不起他，别人升迁了而自己没有，成天怨这怨那，而对于自己的本职工作又不能完成得很好。对于这样的下属，领导者可大声地训诫他：你什么时候把自己的本职工作做好了再来找我。或者，还可以采用一种更巧妙的方式。去另找一个有水平和办事能力并且任劳任怨的人，然后把同样的任务分别交给这个人和那个发牢骚者去做。

有一个生意人想买一批番薯，于是，就派他的两个学徒去市场了解一下行情。学徒 A 去了一会儿就返回了，他一面埋怨今天天气太热，他跑出一身的汗，一面向老板报告今天市场上番薯的价格，便絮絮叨叨地去冲凉水澡了。

学徒 A 冲完凉水澡坐到店面，学徒 B 正汗流浃背地返回到店里，他不仅向老板汇报了今天市场上番薯的价格，还把了解到的昨天和前天的番薯价格一并告诉了老板，并向老板参考说今天的价格是最低的，恐怕到明天就又会涨价反弹。老板觉得学徒 B 分析得有道理，于是，又叫他去市场上找一个卖主来店里谈判。这时，学徒 B 却一指门外说：我考虑到老板你有可能要买，所以我已叫了一个卖主在外面等候了。老板到外面一看，觉得质量不错，价钱也确实比前几天低廉，于是就很快地把那个人的番薯给订了。

如果你是一个领导，假设也有部下成天发牢骚，指责领导为什么只升迁别人而不晋升自己，这时候，你就把同样的一件事交给他们两个去做，让事实来说话，让事实来堵住牢骚之口。

别让害群之马影响到他人

把一汤匙酒倒进一桶污水中，你得到的是一桶污水；把一汤匙污水倒进一桶酒中，你得到的还是一桶污水。如果一个高效的部门里，混进一匹"害群之马"，会全盘破坏组织的健全功能，这就是有名的酒与污水定律。

几乎任何企业团队中，都会存在几个这样的员工，他们往往不会为组织增添多少成果，反而会拖团队的后腿，将事情弄得更加糟糕。这就是团队中的害群之马。

管理者不要忽视一两个"害群之马"的破坏力，他们会使一个高效的部门迅速变成一盘散沙。我们总说：破坏总比建设容易。一个能工巧匠花费时日精心制作的瓷器，一秒钟就会被破坏掉。如果一个团队中有一头害群之马，即使拥有再多的能工巧匠，也不会有多少好的工作成果。作为管理者，遇到这样的情况，若想保持团队的高效，你只有一个选择，按下"Delete"，迅速将其清除掉。美国第一CEO杰克·韦尔奇对待害群之马的员工非常干脆：

每年，每一家GE公司的高管都被要求将他们团队的人员分类排序，其基本构想就是强迫公司的领导对他们领导的团队进行区分。

他们必须区分出在他们的组织中，他们认为哪些人是属于最好的20%，哪些人是属于中间大头的70%，哪些人是属于最差的10%。

如果他们的管理团队有20个人，那么公司就要求知道，属于20%

的最好的四个和属于 10％ 的最差的两个都是谁——包括姓名、职位和薪金待遇。表现最差的员工通常都必须走人。

韦尔奇把员工分为 A、B、C 三类，C 类是"烂苹果员工"即害群之马。

A 类是指这样一些人：他们激情满怀、思想开阔、富有远见。他们不仅自身充满活力，而且有能力帮助带动自己周围的人。他们能提高企业的生产效率，同时还能使企业经营充满情趣。

B 类员工是公司的主体，也是业务经营成败的关键。我们投入了大量的精力来提高 B 类员工的水平。我们希望他们每天都能思考一下为什么他们没有成为 A 类。经理的工作就是帮助他们进入 A 类。

C 类员工是指那些不能胜任自己工作的人。他们更多的是打击别人，而不是激励；是使目标落空，而不是使目标实现。管理者不能在他们身上浪费时间，那对团队没有任何好处。

而韦尔奇规定，区分出三类员工后，按照等级进行奖惩，A 类员工得到的奖励应当是 B 类的两到三倍，公司还会给予 A 类员工大量的股票期权。对 B 类员工，每年也要确认他们的贡献，并提高工资，大约 60％ 到 70％ 的 B 类员工也会得到股票期权。至于 C 类员工，不但什么奖励也得不到，还要承担被淘汰的后果。

很多管理者会认为，剔除落后的 10％ 的员工是残酷或者野蛮的行径。这是一种曲解，事实恰恰相反。容忍平庸的员工对于优秀的团队是一种伤害，而对于其本身也并没有什么好处，因为让一个人待在一个他不能成长和进步的环境里是真正的"假慈悲"，对任何一方都没有好处。找出你团队中的害群之马，毫不犹豫地清除掉，你会发现团队面貌会发生积极可喜的变化，当然，还有业绩的大幅提升。

分而治之，把小人变成千里马

美国管理学家杜拉克在《有效的管理者》一书中曾鲜明地指出："须知任何人都会有很多弱点，而弱点几乎是不可能改变的。"下属中的小人下属则更是如此，管理者与其将自己的主要精力用于改变这些积习上，不如想法抓住其弱点加以利用，这样才是务实有效的用人方法。

1917年7月，孙中山举起了"护法"旗帜，8月召开了"非常国会"，成立军政府，出兵北伐。可是，广东省长朱庆澜赖在任上，做段祺瑞的间谍。孙中山想免去他，又苦于没有很好的理由。后来，他发现，朱某十分好色，于是，孙中山派人密令妓女小金铃接近朱某。当时，朱庆澜经常去女子学校做讲演，见姿色稍佳者便多方挑逗。小金铃被安排进这个学校。朱某来校仅一个小时，二人就开始眉来眼去。数日后，这对艳侣便在珠江长堤西濠酒店被新闻记者当场发现。朱庆澜为保全名誉，不惜重金堵人之口，又怕省议会弹劾，便主动提出辞职。孙中山欣然同意。

对于下属中的小人，只有用小人的办法对待。利用自己的职权，表面上重用，给他许多出头的机会，让他解决难题，待到出错，就要痛下狠手，不能姑息，防止其反咬一口，两败俱伤。

小人类型的下属会给领导的事业造成破坏性的影响。那么，如何管理下属中的小人呢？首先要建立管好下属的机制，在制度的前提下，领导再根据各种下属的出格行为给予不同的个性攻势，把下属中的小人变成"千里马"。

（1）以柔克刚。这也是成熟老练的领导常用的手段。当管理者遇到下属中的小人与团队决策作对，表达他们的抵触或不满，这不仅会分散领导的精力，也很可能损害领导的威信。

在这种情况下，不加以处理是绝对不行的，但如果用强硬的行政手段去压服他们，往往会使事态扩大，矛盾激化，这就需要运用以柔克刚的策略。

（2）杀鸡儆猴。面对众多的下属中的小人，全部处理很难办。为求简便，就要运用"杀鸡儆猴""敲山震虎"的策略，集中精力抓住个别害群之马，严肃处理，以告诫其他人服从指挥，保证整个领导活动顺利地进行。

（3）调虎离山。某些下属中的小人之所以得逞，往往依附于某些有权势的人，其自身也可能具备一定的能力。领导如果运用权力来压服他们，会付出很大的代价。因为这"虎"不同于杀鸡儆猴中的"鸡"，"鸡"是领导和下属都讨厌的人，而"虎"则有着一定的群众基础，所以运用调虎离山策略可以收到事半功倍的效果。

（4）分而治之。当下属中的小人互相勾结，狼狈为奸，成为集团似的组织，这时，管理者就应该采取分而治之的策略。这种策略的高明之处就在于通过各种灵活巧妙的方式方法，将下属中的小人群体划归成若干个互相连接又互相制约的子系统，从而避重就轻，使庞大的规模效应消失于无形之中，从而能对他们实行有效的治理和控制。一个领导如果运用这种方法，可以同时管理几个刁顽的下属。

拿出威严，让难缠的下属乖乖听命

管理者不得不正视一个现实，在下属之中，忠心而且努力工作的虽然是大多数，但是，总有那么一些人，成了最难管教的一群。用"调皮捣蛋""令人头痛"这样一些词语来形容他们都不为过。他们花费了上司很大一部分精力，拖住了很大一部分人的工作效率，"搞定他们"是管理者必做的功课。

调皮捣蛋的下属虽然是个别的现象，但是如果处理不好，他们就会像传染病一样四散漫延。问题会变得越来越严重，坏风气有可能腐蚀整个团队。因此，捣蛋的下属即使是个别现象，也有必要予以重视，切记不能放任自流。

王海是某物流公司的经理，下属有大学毕业科班出身的员工，有中学还没有毕业的拉货司机，各色人物无论知识、阅历、性情参差不齐。王海将这一班人物管理得服服帖帖，在总结自己的经验时，他谈到了管理学上的"骆驼理论"。

人具有"骆驼的某种特性"。在骆驼的骆峰上压上重物，骆驼走起路来才平稳，才有节律，它们会顺着头驼一路安静地前进。遇到沙暴时，背负重物的骆驼也不会轻易随风而逃。而那些背上没有重物的骆驼，就成了最难以管教的家伙。它们四处张望，搜寻小草，追逐异性，把工作当作了休闲时光。

如果上司处处依着下属的品性，那些下属就飘飘然，不知所以了，认为自己"老子天下第一"，不会按照规章行事。当上司拿出威严来，给他们难看的脸色时，他们才会安静下来，"定下心来"做点事。因此，对于管理者来说，切切记住"老好人做不得"这句俗语。

对于个别人，要使用高压手段，对他们毫不手软，决不姑息迁就。上司借助打击"个别人"达到"杀鸡给猴看"的目标，以警示一批他们身后的潜在效仿者。在打击之后，要采用"怀柔政策"。对那些打得抬不起头来的人，也要安抚一下，这样做有利于收拢人心，也有利于对这批人分化瓦解。对个别有好转的人要及时进行表扬，树立"放下屠刀立地成佛"的榜样，以号召他的"同党"招安归降。

对于难缠的下属，管理者又不能完全运用压服的办法。一般来说，对不同的员工存在的问题，上司要采取不同的做法。对那些故意窝工、怠工、工作效率低的员工，管理者可将工作定额、工作量与奖金挂钩；对偷工减料、贪小便宜、挖墙脚、揩油者用监督的办法与奖惩相结合。

如果管理者高效率地搞定几位难缠的员工，将有效地提高自己的管理水平，提高团队战斗力，迅速地完成任务，达到目标。

第九章

抓住人性，让下属听从指挥

用好员工的自尊心

每个人都有自尊心，也有被尊重的欲望。运用这种心理，可以充分调动下属的积极性，在竞争中展示自己的价值。

有个炼钢车间，任务总是完成不好，厂长为了让工人更好地完成任务，便下到该车间与工人一起加班，有厂长在，工作效率自然比平时要高。临下班时，厂长问一当班的工人，"我们今天炼了几炉？""6炉。"工人回答道。于是厂长要了支粉笔，在车间的地面上写了一个大大的"6"字。

夜班工人接班后，见这个"6"字便问怎么回事，白班工人不无自豪地说："这是我们今天的工作成绩，是厂长替我们写的。"夜班工人听后非常不服气，憋足劲非要超过白班工人不可。第二天，白班工人接班时，见地上写了个大大的"7"字。

白班工人也激起了比赛浪潮，到下班时，郑重地写下了一个特大的"10"字。就这样炼钢车间的任务在工人自觉的竞争中顺利完成了。

利用自尊、好胜心理，激发竞争意识，调动其自觉积极性，比说教、劝解效果要好得多。

无独有偶，一位美国纺织工厂老板采用一种激励办法，给予员工一种荣誉，从而发挥了员工的积极性。

这家纺织厂原来准备给工人买一些价格较高的新椅，放在工作台上休息用。这本是件普普通通的福利设施，但老板一动脑筋，竟变成了激励机制。

工厂规定：如果任何人超过了每小时的工作定额，则在一个月内赢得椅子。颁发椅子的方式也很特别，工厂老板将椅子拿到办公室，请获奖的工人坐在椅子上，然后，在大家的掌声中，老板将他推回车间。

这种"僧多粥少"的椅子，便成为工人竞争的目标，保住它和抢到它都是一种荣誉的象征。

摆一个擂台，让下属分别上台较量一番，谁赢了谁就得奖赏。为了获得奖赏，下属往往会使出很大的力气，以求击败对手，在上司面前逞能。

我们之所以主张公正未必公平，乃是基于最有效的激励精神，在于"有本事就来拿"。拿到的人当然很高兴，拿不到的人也不应该怪别人，最好继续充实自己，以便下一次顺利拿到。

巧妙地构设一个让下属互相竞争的环境氛围或者平台，使他们自动自发地释放自己的工作潜能，你会发现，管理下属原来就是那么轻松简单。

看到下属的德行，然后投其所好

了解别人要了解他的欲望，有智慧的人善于驱使德行有亏的人，能够牵着他们的鼻子走。

武则天在夺权的道路上，不择手段，唯计个人私利。她对唐高宗李治不加重用的没有品行的人，反倒另眼相看，收为亲信，李义府和许敬宗就是其中比较有代表的人物。

李义府虽有文才，但为人奸诈，邪巧多方，他因为向唐太宗进谏立武则天为皇后而获得了武则天的信任。武则天的心腹深知李义府的为人，便劝武则天道："李义府这个人有才无德，善于见风使舵，娘娘一定要提防他才好，怎可重用他呢？"

武则天闻言后，笑道："他不如此，我又怎会从中得利？这样的人若巧加利用，自会死心塌地地为我卖力，我是求之不得啊。"

武则天当上皇后，立即提升了李义府的官职，让他官拜中书侍郎。李义府贪欲得逞，从此乖乖为武则天卖命，成了她的得力干将。

礼部尚书许敬宗乃名门之后，是隋朝礼部侍郎许善心之子。但他居官不正，贪赃徇私，德行败坏，为正义之士所不齿。许敬宗暗中向武则天投效，武则天却十分欢喜，她对许敬宗说："你遭人非议，岂是你之过耶？都是那些大臣嫉恨你的才学罢了。我一向相信你的品行无失，自会向皇上荐举力言。"许敬宗感恩戴德，发誓为武则天效忠。

武则天的身边人又提醒她说："无德之人，向来没有信义，娘娘不要轻信他了。他素招人怨，娘娘重用此人也无益于大事。"武则天仍是充满自信，她得意地说："邪才一旦制服，其用就了无顾忌，用他去对付那些所谓忠贞之士，不是最好的利器吗？他为名为利，我正好用名利来役使他，有了这个束缚，还怕他不俯首听命？"

于是武则天多次向唐高宗荐举许敬宗，又屡屡为许敬宗遮掩丑事，她还故作气愤地对唐高宗说："自古忠臣难当，多遭毁谤，许敬宗忠于陛下，不徇私情，难怪朝臣每每诋毁他了。陛下若是听信谗言，正是中了奸臣的诡计，妾实难置之不理。"

有了李义府、许敬宗这左膀右臂，武则天行私有助，势力不断地扩大，为她日后登上皇位增添了胜算。

品德不好的人在封建官场大有人在，要想把他们彻底清除是难以做到的事。这一点当权者心知肚明，他们尽力做的只是如何让他们为己效命罢了。德行有亏自然欲望多多，在此诱使他们，当权者就可以驱使他们干任何事了。这个道理在今天的管理中同样适用，对于那些品德上有缺陷的下属，就是要投其所好，牵着他们的鼻子，让他们能够很好地为自己服务。

让下属觉得自己很重要，他便会全力以赴

美国玫琳凯化妆品公司是具有 25 年销售经历的玫琳凯女士在她退休的那年创办的。短短二十几年，这个公司由 9 名雇员发展到拥有雇员 5000 多人，并且在世界各地拥有 20 万人以上的经销网。

很多人把玫琳凯的成功当做一个谜。事实上，玫琳凯的成功并不是什么神秘不可解之事，而正是她的"每个人都是重要的""使他感到他重要"的管理艺术的感染力所致。

在玫琳凯看来，一般人只发挥了能力的 10%，能不能把人另外 90% 的潜能发挥出来，是一个企业能否成功的关键。而要发挥这 90% 的潜能，就要"使他感到他重要"。玫琳凯说："你若能使一个人感到他重要，他就会欣喜若狂，就会发出冲天干劲，小猫就会变成大老虎。"

许多时候，领导者并不一定需要长篇大论，只要注意一下员工感情上的细节，就会产生惊人的效果。对此，玫琳凯认为是早期事业中的不愉快经验教给她待人之道。玫琳凯自己曾有这样的叙述：

记得有一次，我和另外 57 个推销员为了得到一个奖赏——到总裁家作客，做了一次为期十天、极其艰难的推销旅行。我们以车为家，日

夜推销，途中还有几辆车出了问题。但是那个奖赏的诱惑足以抵消这些艰难困苦。我们心中渴望得到总裁的接见。当我们最后被邀请到总裁家时，却只被允许在花园中走走，根本没有机会和他见面！在回去的路上，大家都很少说话，非常沮丧。

还有一次，我参加了一个推销讲习，最后非常想和那位刚做了一场激励士气演讲的经理大人握握手。我们在队伍中站了三个小时，最后好不容易轮到我了，但是经理大人竟没拿正眼看我，甚至也许没有察觉和他握手的是什么样子的人。他的眼睛从我的肩膀上望过去，他在看队伍还有多长，我明白他很累。但是，我们在拥挤的队伍中等待了三个小时，我们也一样很累！我感到受了伤害，甚至侮辱。

后来，我也有很多次站在长长的队伍前，和上百人做长达数小时的握手。一旦我感到自己很疲倦了，我总是想起自己以前排队和那位经理人握手的情形，就立即打起精神，直视握手者的眼睛，尽可能地说些比较亲切的话，哪怕只是句简单的闲谈。

玫琳凯的成功经验告诉我们，每一位领导人都应该知道，上帝在每个人的身上都种下了伟大的种子，每个人都是重要的，领导人的重要工作之一，就是让下属觉得自己重要，这会鼓舞他们有更出色的表现，为组织的目标全力以赴。

利用矛盾冲突激发团队斗志

团队要和谐，但不要和气。在和气的团队中，同事之间关系会向朋友一样融洽，但过分的和睦可能会使不良的工作绩效得到宽容，因为没有人想指责或解雇一个朋友，朋友们往往不愿相互争执或批评，使团队缺乏斗志和竞争性。

当年，梅克如果不把团队搅起来，不让团队的竞争性表现出来，《福布斯》恐怕早已如同那些陨落的杂志一样湮灭在历史的深处。大卫·梅克是一位才华横溢的编辑，可是他当总编时的管理方式却叫人难以接受。他对待下属从不留情面，而且总是一副冷冰冰的模样。尤其是他总是让团队成员感觉不安，总是会时不时地解雇一些表现不好的员工，逼得每一个编辑不得不为了饭碗竭尽全力地追求工作的完美。

有一次梅克说要解雇一个人，有位员工实在太担心、太紧张，最后忍无可忍就直接去找大卫·梅克并问道："大卫，你要解雇的是不是我？"大卫·梅克慢悠悠地说："本来我还没有想好是谁，不过，既然你提醒了我，那么就是你了。"于是，那位员工当场就被炒了鱿鱼。

所有的人都为了保住自己的职位而认真工作，那些工作信心不是很强的人，总是会不断地挑出别人工作的不足来向梅克汇报，从而体现自己存在的价值。而那些能力很强的人，能够理解梅克的用心，知道梅克一切都是为了工作，所以他在指责别人时肆无忌惮，因为他是以使工作更完美为出发点。

梅克的管理方式得到了老板的认同，布鲁斯和福布斯两位总裁都很信任他，并且对他委以重任。因为他们知道，大卫·梅克的鲶鱼式管理方式一定会为《福布斯》带来巨大的成就。大卫·梅克的确不负众望，他对《福布斯》的最大贡献就是为《福布斯》赢得了声誉。

正是由于大卫·梅克的超人才干和独特的管理方式，《福布斯》的销售量和知名度才会得以节节上升。1964 年，《福布斯》的销售量已达 40 万份，与当时的头号杂志《财富》和《商业周刊》并驾齐驱。

管理者应该看到团队冲突带来的好处。团队冲突能够充分暴露团队存在的问题，增强团队活力。冲突双方或各方之间不同的冲突意见和观点的交锋打破了沉闷单一的团队气氛，冲突各方都能公开地表明自己的观点，且在这种交流中，不存在安于现状、盲目顺从等现象，冲突激励着每个人都去积极思考所面临的问题，从而易产生许多创造性思维，使整个团队充满活力。这种活力能够保证团队在市场上的竞争性。

除此之外，团队内的冲突还是创新的重要源泉。冲突可以使一个团队在冲突中修正自己，克服缺点，提高认识，促进团队的创新，从而获得更大的进步。另外，团队内的冲突还对新规范和新制度的建立具有激发功能。企业制度的本质使命是保持企业各方力量的平衡，而冲突会打破这种平衡。当一种旧的平衡被打破后，就为新的制度的诞生提供了契机。

利用团队内的冲突是管理者管理团队的一种方法和策略。但是，管理者切记，团队内的冲突一定要及时解决，否则会弊大于利，后患无穷。解决冲突的关键是对事不对人。需要注意的是，不要责备或批评人。团队要建立冲突的解决系统，管理者要帮助团队成员树立沟通的理念，提高沟通的主动意识。

及时表扬下属的成绩

戴尔每个月都会有一个全球的电话会议，每个事业部各自成组，评价谁能登上销售冠军的排行榜。如果你总是位居首位，你的事迹会被描写为英雄行为刊登在公司刊物上，公司刊物的编写者时刻不忘英雄事迹的搜集。事实上，每个人都渴望自己取得的成绩获得他人的肯定，聪明的管理者懂得通过表扬下属的成绩赢得人心。行为心理学家认为，肯赞美别人成绩的人，比不肯赞美别人成绩的人，更容易与人相处，获得他人的帮助。

奖励领先者是 GE 聚拢人心的最为主要的方式。他们成功地采用了绩效测控的方法，在 GE 的年度考核当中，管理层会针对本年度业绩优秀，以及那些为其他员工做出榜样的员工进行二度考核，提问的问题多是针对个人素质提升和自我管理的，其中的三大经典问题几乎囊括了对于一个人才是否优秀、自信的全部定义：你的优势是什么？你的成就是什么？你还有哪些需要改进的地方？而在此之后，对于高层颇为满意的一批人，GE 会毫不吝啬地对他们进行奖励，包括增加薪酬以及分配予诱人的股票、期权。

GE 奖励领先者的方式其实就是对员工的洗脑。这种奖励让那些表现优秀的员工感到自己是被企业肯定和需要的，进而把心聚拢在企业上，他们在被奖励洗脑后表现出来的是更加卖力地工作。

人都是爱听好话，喜欢受到表扬的。美国著名心理学家威廉·詹姆斯研究发现："人类本性在最深刻的渴望就是受到赞美。"领导的赞扬不仅表明了领导对下属成绩的肯定和赏识，还表明领导很关注下属的事情，对他的一言一行都很关心。因此，表彰业绩突出的成员能在短时间内激发下属的为企业服务的意志，让下属的心更好地聚拢在你的周围。

在美国密歇根州迪尔伯恩市，每年都会举行多米诺比萨饼公司奥林匹克大赛，和往常一样，运动会以点燃三足鼎（鼎身为比萨饼状）开始。手持火炬的不是普通的运动员，而是多米诺比萨饼公司的老板汤姆·莫纳根（他是一个由布衣变为巨富的企业家），和一位双截肢员工安东尼·斯盖尔斯（据他的上司说，他"眼明手快，负责刮盘子、揉面团，干得非常出色"）。在8年中，这家公司每年的总增长率达到75%。多米诺比萨饼公司是怎样实现这种增长的呢？公司总裁唐·弗尔谢克提出来的奥林匹克大赛，就是问题的答案之一。

这个奥林匹克大赛将对获得成功的员工进行大张旗鼓的表扬，领导者潜心评判和定期奖励表现突出、令顾客（此处指的是多米诺比萨饼公司各特许经营店）满意的行为，它所取得的效果可能比公司每月发放的奖金更令人难忘。这就是多米诺比萨饼公司的发展秘诀。

及时表扬下属的成绩，不需要多花一分钱，就收买了员工的心。由此可见，作为一种肯定性行为，表扬在使一个人感觉重要方面能起到非常有价值的作用。管理者如能看到员工的付出和进步，并在第一时间将表扬的信息发出，那么下属会因受人重视而振奋，对交付的工作，亦能超额完成。表扬的聚拢人心效果大小，不仅取决于内容选择和方式，还取决于是否适度。适度表扬，才会收到最佳效果。表扬适度应做到以下两点：

1. 实事求是

古语说，"誉人不溢美"。对被表扬者的优点和成绩，应恰如其分地如实反映，既不缩小，也不夸大，有几分成绩就说几分成绩，是什么样子就说什么样子，不能"事实不够笔上凑"，添枝加叶，任意修饰，人为美化，随意拔高。不实事求是的表扬，于被表扬者无益，会使其感到内疚、被动；于其他人则会不服气，引人议论纷纷；于领导者本人则损害其威信。

2. 不能滥用

领导者发现下级的良好行为就及时表扬，这是对的。但表扬却不能滥用，不能天天表扬，处处表扬，更不能没有什么值得表扬的良好行为时硬找点什么来表扬，不能搞"瓜菜代"。表扬过度，会使人们丧失新鲜感、严肃感，被表扬者也不会增加多少光荣感，其他人也不会重视。这种过度使用表扬的做法，只能使表扬固有的激励作用丧失殆尽，走向愿望的反面，劳而无功且有过。

每个人都需要得到他人的肯定和赞美。如果当员工作出贡献，而企业只是简简单单给予一些物质奖励时，员工心里的成就感一定无法得到满足。而当企业在公开场合给予员工一些直观的奖励和荣誉时，员工的个人荣誉感和成就感就会得到满足，他们在精神上就会受到鼓励，认识到自己在群体中的位置和在大家心中的形象，从而增强自信心和对企业的认同感，并不断督促自己继续努力。

适时地把劳动成果与下属共享

对员工来说，企业领导者与其分享成果是对自己的一种最大的激励。对于一个乐于同员工分享劳动成果的企业领导者，员工也乐于为其企业的发展拼命效力，这样企业和员工才会在某种意义上达到双赢的结局，双方共同的创业之路才会越走越远，越走越顺。所以，企业领导者在日常管理实践中，务必要牢记此点，做到适时地把劳动成果与自己的下属共享，这样自己的管理工作才会得到有效进行，才会在日后取得更突出的业绩。

"与天下齐利"就是与大家分享劳动成果。员工的成果其实就是老板的收获。无论员工的功劳多大，最大的得利者还是老板。把员工的劳动成果与他们共享，对老板不会有丝毫损失，对员工则是莫大的激励，他们在工作中也会更积极主动。因此，一个乐于同员工分享成果的管理者，才能成为笑到最后的成功者。

在企业里，不夺功的领导者才可能取得成功，也就是要有"与天下齐利"的精神才能获得长足的发展。

楚汉争霸之时，各路诸侯约定"先入关中者王之"。刘邦率领大军，一路上战无不胜，先项羽一步入主关中。刘邦初进咸阳，秦宫室、宝物、美女尽收眼底，刘邦均不取。那他取什么呢？他的谋士萧何赶到秦王朝的宰相府，把图书、档案全收起来，以此尽知天下要塞、户口多少，哪里强、哪里弱，为日后的战争需要搜集了大量材料。

更为重要的是，刘邦和他的谋士做了如下决定：废除秦王朝苛法，与秦民约法三章，"杀人者死，伤人及盗抵罪"；准许秦王子婴投降，并安抚降吏，安定民心。这两项决定，表现了刘邦顺天时，与天下黎民同利益的决心，使秦民大喜，唯恐刘邦不为王，因而争取到了人民的拥护，为他取得天下打下了深厚的基础。

而项羽进关中后，又如何呢？他一路上杀死秦降军20多万，屠杀咸阳人民无数，杀死子婴。烧宫室，杀兵士，抢夺财宝和妇女，使秦民大失所望，由此也埋下了他失败的种子。

从刘邦、项羽不同的利益分享方式而引发的不同人生结局，管理者可以得出这样一个启示：作为一名管理者，应设法让员工分享现有的劳动成果，别忘了，分享才是对员工的最大激励。谁都喜欢晋级，谁都喜欢加薪，管理者是这样，员工也如此。当管理者晋级加薪之时，别忘了为你打下江山的员工们，设法让他们分享你的利益，让他们也有所晋升，或得到一些奖励，这才是对员工最大的关心。

正所谓"己所欲，施于人""一人升天，仙及鸡犬"，当你加官晋升时，同时也把你的成果与手下的员工分享，员工一定会忠心追随，这样的企业必然是上下一心，动力十足，也必然会使效益如芝麻开花一般，节节升高。

陈立是一家国有企业的公关部经理，由于在与外商谈判中，压低了商品价格，为企业节省了几十万元。因此企业总经理决定为陈立加薪一级，同时大幅度增加了他的提成。

获得奖励后，陈立首先想到的就是和自己一起奋战几昼夜商讨谈判方案的员工们，于是慷慨解囊，宴请诸员工，随后又请他们周末一起去度假。这样一来，陈立不仅得到了上司的赏识，还得到了员工的爱戴。其实宴请费用并不多，却大大赢得了员工们的一片忠心，今后他们更加卖力地为陈立和企业效力了。试想，长此以往，对陈立来说，下次的加薪晋升还会远吗？

因此，对于领导者来说，让手下的员工分享你的劳动成果，不仅是对他们最大的激励，也是让自己再创佳绩的基础和动力。何乐而不为呢？

对员工的热情给予肯定和赏识

玛丽在 IBM 公司情报室从事资料收集整理工作。她每天穿着白色上衣、黑色短裙上班，给人的第一感觉就是一个标准的职业女性。她在情报室已经工作了很久。每天她都熟练地剪报、编辑、粘贴各种资料，她工作的熟练程度令人佩服。表面看来她无比热爱这份工作，可是，很少有人知道她心里早已厌倦了剪刀加糨糊的单调的重复工作。

每天，当玛丽看到剪刀和糨糊时，她就满腔怒火，可是为了不失去这份工作，她只好每天都忍耐着。后来有一天，她终于忍不住了，她冲进经理的办公室，怒气冲冲地说："我不是为干这种剪报纸、刷糨糊的工作才来到IBM的！"

经理对她的举动并没有感到吃惊，他微笑地看着她，玛丽接着说："我想做更有意义更有价值的工作，我要证明自己的才干和能力。请您把我调到另一个有趣的工作部门吧。"

事实上，她的经理不知已经历过多少类似的事情。他甚至无法统计有多少员工曾经用这种口气向他倾诉过。每一次，他都耐心地劝解开导他们，这次当然也不例外。

于是经理说："如果你不喜欢这种工作，我也没有办法。但是，你为什么不想办法使枯燥平淡的工作变得有价值、有趣味呢？"

玛丽万万没想到经理会这样说，以前她只知道埋头苦干，从来就没想到过这种每天和剪刀、糨糊打交道的剪报工作也可能变得有意义、有价值。玛丽回到自己的办公桌前，陷入了沉思。

过了几天，玛丽终于想出了一个绝妙的办法。她想到，可以用丰富的颜色来改变枯燥的"黑白世界"，她首先选用不同颜色的纸制成小册子，每个册子分别粘贴不同的内容。

举个例子来说，红册子专门粘贴关于金融方面的报道，白册子专门粘贴关于销售利润方面的报道……这样，玛丽觉得自己的工作似乎完全改变了，每天都处于五彩缤纷的纸张之中，工作的氛围变得轻松活泼，日子也不像以前那么难过了。而且这样做还有一个好处，只要看看小册子的颜色，就可明了其中的内容，她觉得自己的工作效率比以前提高了许多。查找资料信息时，又快又准，她为自己的发明感到无比的骄傲，再也不觉得工作无趣了。

玛丽觉得这种做法很有效，于是她再次找到经理，向他说明了这一切，建议经理在公司的各个情报部门推广这种方法。经理亲自观看了她的"表演"后，很赞同她的看法，当场表示："很有意义，马上实施，奖励你一万美元！"玛丽高兴极了，从此以后，她做什么事都很有信心。这件事对她的影响很大，也为公司其他员工树立了榜样。

不要把工作看成是为了五斗米折腰的事情，要善于从单调、周而复始的工作中找到乐趣、尊严和成就感。热情是实现愿望最有效的工作方式。热情能够创造奇迹。

作为企业的领导者，不仅要善于鼓励、激发员工内心的热情，而且要对员工的工作热情给予肯定和赏识，因为热情永远是员工情绪的加油站。

指出一些小缺点，让其处于半兴奋状态

德国网坛名将贝克尔之所以被称为"常胜将军"，其秘诀之一即是在比赛中自始至终防止过度兴奋，而只是保持半兴奋状态。所以有人亦将"倒 U 形假说"中的"最佳状态"称为"贝克尔境界"。

热情中的冷静让人清醒，冷静中的热情则令人执着。一个管理者只有既会加油又会泼冷水，既要让员工充满斗志，给他们加油，让他们

鼓足干劲，必要时给予激励和奖励，但又不能让员工对眼前取得的小小成绩而得意忘形，造成骄兵必败的结果。只有善于让自己和员工时刻处于贝克尔境界，才能算是真正掌握了激励之法。

将军与店主对弈，将军开动脑筋，第一局想以稳对稳。可谁知店主稳中蕴动，机关早成，待将军发觉时败局已定；第二局将军以攻带守，结果又败一局；第三局，将军迭进绝招，最后仍然"束手就擒"。再看那位店主，三局虽早已过了百余招，老将果然始终未动。

将军问店主："上次，您拨动老将，战成一负二和；这次您不动老将，却连胜三局，这是为什么？请指教。"

店主笑道："上次对弈时战事正紧，您将去前线御敌，我下棋也不可挫伤你的锐气。眼下大军凯旋，将军意气洋洋，我胜你是告诉将军要戒骄戒躁。"

将军听后深受启发，向店主深深地鞠了一躬，从此以后战无不胜。

员工在工作时情绪上也会有高低。为了维持管理工作及员工行为的一致性，管理人员必须在员工情绪低时鼓励他，而在他情绪过高时泼点冷水。

当人处于紧张沮丧的状态时，就兴奋不起来，像一只瘪了的气球软绵绵地贴在潮湿的地面上，这时绝不能冷言相待，而要通过适当的方法给他鼓气，让气球能够重新轻盈灵活地飞起来。

当一个人处于极度兴奋状态时，过度激情奔放，同样会失去平衡甚至濒临爆炸的边缘，这时就需要向他泼冷水，适当地为他泄一下气。

美国国际管理顾问公司老板麦科马克就是既会加油又会泼冷水的管理专家。他手下的员工工作不止一项，责任的也不止一种。很多时候，员工已经把工作做得在别人看来足够好了，而他却总是能在一些瑕疵上给予员工一些训诫；当员工感到失望时，麦科马克也很容易找点该员工其他做得正确的事情来鼓励他。

麦科马克会让员工觉得他们必须掂一掂自己的分量，是否具有"足够的能力"来为他工作。如果有些员工对他做成了一笔生意十分满意时，麦科马克会称赞他做得不错，但他还会说："国外的代理权给谁拿去了？"或者说："我们为什么不那样做呢？"使他不至于太得意，过于自信或过于自满。

当然有时候也需要用相反的办法。必须提高他的自信心，例如拍拍他的肩膀表示鼓励，帮助他能够看到事物的前途。

大卫和德勒是好朋友，有一次他们一起到剧院观看预演。大卫动不动就发脾气，说话的语气全用命令式，而德勒则作风完全相反，他始终在称赞演员较为精彩的一面。剧本是德勒的作品，因而去的时候两人都怀着满心的欢喜。不料一看预演，发现已到了正式上演的前一天，主角仍没把台词背熟。大卫不禁勃然大怒："你们到底干什么去了，这样怎么能上演！"

在大卫的责骂下，主角抓紧时间拼命背台词，但到了第二天上演，仍然显得有点结结巴巴。

第一幕结束后，德勒来到后台，用双臂使劲地拥住对方说："演得不错，相当成功，说话语气也很恰当……"

听了这些话，那位演员精神倍增，信心完全恢复。在以后的几幕中，台词都流利地背诵了出来，演技也发挥得淋漓尽致，台下掌声雷动。

加油和泼冷水都是促进优秀人才成长的博弈方法，如将二者综合运用，更能够起到单纯的加加油和泼冷水所难以达到的效果。尊重人才的自尊，从正反两方面鼓励他们，让他们感觉到自己的重要性，并在他们表现良好时给予奖励，这些都是很重要的。这种表扬最好是公开的、直接的。

不过你虽然不吝于夸奖下级，却绝不能让他们陶醉在荣誉里；也绝不能让他们觉得只要这一次表现得很好，就可以不必在乎以后的工作成绩了。有时候，你可以指出下属的一个小缺点，泼点冷水，要求他们达到更高的水平，借此鼓励他们更上一层楼。

第十章

晓之以理，管对了自然服从

坦诚的沟通赢得尊重

京都陶瓷公司总裁稻盛和夫是个非常有意思的企业家。他能把自己的施政纲领向员工们慷慨陈词，也敢于大胆披露自己往昔的"隐私"和"丑闻"。

他都有哪些隐私和丑闻呢？这可不是别人刻意揭短，全都是他自己说的，例如："小学求知时期，在上学途中曾顽皮地用小木棍挑撩女同学的裙子。"

大家听了都瞪大了眼睛，尤其是女职员。

"战后混乱时期，曾心惊胆战地从木材商店偷窃过木材。"

"大学深造时期，为了看体育比赛，乘车超过规定区间而被没收月票。"

这回，大家好像可以理解了，企业里许多人都这么干过。

"经商创业初期，因为偷税逃税而被税务局批评警告。"

偷税的事可以说，被罚月票的事也可以说……那偷木头和用小木棍挑撩女同学的裙子的事怎么能说呀！稻盛和夫是不是很傻？其实，这正是稻盛和夫的高明之处。

正是这种勇于解剖自己的胆识，才使得员工们产生了"总经理也不是个完人，与我们一样会经常犯错误"的亲近感。这种感觉潜移默化地增进了上下级的心理融合度。也正是在这种劳资关系的催化下，京都陶瓷公司才能出现上下同心同德，并肩携手创大业的勃勃态势，一动而全动，一呼而百应，一步一步地走向繁荣与昌盛。

沟通的成败不仅取决于对沟通的理解以及沟通时的态度，也取决于沟通技巧以及方法是否妥当，技巧不好会造成沟通不畅。任何时候，沟通都是双方面的，是心与心的撞击，是相互的包容与接纳。

沟通时时存在，在不同的时间、地点，与不同的人发生着。如何能保持较好的效果呢？

第一，要以诚相待。发讯者要心怀坦诚，言而可信，向对方传递真实、可靠的信息，并以自己的实际行动维护信息的说服力。不仅如此，发讯者还要诚恳地争取对方的反馈信息，尤其要真心实意地听取不同意见，建立沟通双方的信任和感情。

第二，沟通要选择有利的时机，采取适宜的方式。沟通效果不仅取决于信息的内容，还受环境条件的制约。影响沟通的环境因素有很多，如组织氛围、沟通双方的关系、社会风气和习惯等。

第三，沟通要增强下级对领导者的信任度。下级对领导者是否信任，信任程度如何，对于改善沟通有很重要的作用。如果没有信任，完全真实的信息可能变成不可接受的，而不真实的信息反倒可能变成可接受的。

第四，沟通要讲究"听"的艺术。作为一名领导者，在与员工的沟通过程中，首先，应该主动听取意见并善于聆听，只有善于听取信息，才能成为有洞察力的领导者。其次，不要心存成见，也不要打断对方讲话，急于做出评价，或者表现出不耐烦，这样会导致对方不愿把沟通进行下去。最后，要善解人意，体味对方的情感变化和言外之意，做到心领神会。

第五，沟通要讲究"说"的艺术。与人沟通，不仅要会听，还得会说，会表达自己的意见。在表达自己的意见时，要诚恳谦虚。讲话时要力求简明扼要，用简单明了的词句表明自己的意思，语调要婉转，态度也要和蔼。

把员工情绪安抚下来再沟通

有些员工因为某些事情而非常生气，他们在与你沟通的时候也就会极富攻击性。这种时候你就该想办法安抚他的情绪，化解这种攻击性。

有这样一个例子，清早你刚在办公室坐定，马克就冲进你的办公室，将一大沓印刷品扔在你的办公桌上，他大声嚷道："看看这些东西！每一页都有错误！这台该死的计算机放在这该死的地方根本没用，要我怎么去工作?!"

说这些话时，他脖子上青筋暴起，拳头紧握，咆哮起来就像一头发怒的公牛。

他又继续说："那些安装这套系统的白痴也不知跑哪儿去了。你明天就想要这份报告？告诉你，这不可能，除非我能够拿到准确无误的数据。这简直太不可思议了！"

假若你说道："马克，冷静下来。"马克会怎样做呢？他会变得更加愤怒，而且会嚷得更大声，"别让我冷静！你根本就不知道这些报告要用到些什么。"

这时，如果你告诉他你知道，那结果会更糟，因为那样在马克看来你就是怀疑他在撒谎。所以你最好不要那样说。

通常，为了能与攻击性的沟通者有效地交流，先理解他们行为的缘由对你是有所帮助的。通常而言，攻击性的沟通者都具有三个特点：

对控制权的过度需求；力求正确的需求；力求胜利的需求。他们把大多数情形视同为一种竞争，一旦决定要争取胜利，他们经常诉诸胁迫性的战略。

上述这些特征为你提供了线索，当你与攻击性的沟通者相处时，就知道应该做什么，不应该做什么。

你与他人沟通的目标是：减少沟通的攻击性带来的紧张程度，同时把讨论引向富有喜人成果的方向上。为了实现这个目标，充分使用你的沟通技巧，保持你稳定的情绪，可以参考下面的几条原则：

（1）保持冷静。理智地从攻击性的沟通中撤退出来，要认识到这并不是针对你个人，而是针对发生的事情。

（2）先让他们发泄，在他们说话时不要打断并妄加评论，攻击性的沟通者就像上了发条一样，在你让他们放出怒气之后，他们的攻击性就会逐渐减弱。不要试图通过语言来解除他们的愤怒，你说得越多，他们就越感觉到你在试图控制他们。

（3）对情势的认同，像这样说，比如"我能够理解那将是多么令人沮丧"或者"发生这一切真是不幸"表达出你的同情，但是千万不要表现出赞同的意味。

（4）做出"安全"的反应，提早说一些简短的话语，比如"告诉我具体情况是怎样的""让我知道一些更多的细节"或者"继续说下去"。这些反应都是很安全的，它们不会引起对方更进一步的攻击。因为攻击性的沟通者说话的时间越长，他们就越有可能逐渐减弱攻击性的气势；他们说得越多，你就越能观察到事情的本质所在。

（5）集中在问题的核心上。攻击性沟通者的作用力非常强，以至于很容易让人卷入其中受到控制或者被他们的行为分散注意力。他们试图要戴上叫嚣者的面具。因此要对付这类沟通者的行为，需要仔细聆听以确定他们的想法究竟是什么。

处理这类问题时，了解手下员工的工作习惯非常有用。你的员工安排他的工作时间和工作量是否得当？他是不是经常"临时抱佛脚"？还是……了解这一切都有助于你决定作何反应。

（6）问一些关于"什么"和"怎样"的问题。"你认为我应该怎样做"和"你觉得我应该怎样处理这个问题"这样的问题表明你在征询他们的意见，同时也让攻击性的沟通者们获得一种控制感。这样有利于稳定他们的情绪。

（7）使用一些建议性的表达，像这样说，"如果……那么……"这种表达提供了这样的信息：如果你让我说下去，你也会有所收获的。换句话说，你应该让攻击性的沟通者知道他们会获得一些控制权。

上述是一些面对富有攻击性的人所采取的方法，恰当地运用，就有可能打消对方攻击性的念头，使沟通有效地进行下去。

言谈之间不要激发出员工的敌意

身为领导，有时不免颐指气使，让下属感觉不愉快，这是造成领导与员工彼此对立的重要原因。因此作为领导，对员工说话时，注意方式、掌握分寸很重要。

领导者不应当仅仅看到部下的工作情况和成绩，还应当了解他们内心的烦恼。因此，老板讲话时要极为慎重，注意不要伤害下属的感情。

领导者的讲话与提问的方式是极为重要的。如果掌握不好的话，就可能使下属与你产生对立。

领导者可以通过经常鼓励下属积极工作的方式来消除彼此间的对立。而且，这样做还能让下属发挥出自己全部的能力来，从而为企业培养出优秀的人才。

产生对立的谈话方式是：

老板："喂，你最近的表现可不太好啊！"

员工："可是我已尽了最大努力了。"

老板："努力？我怎么看不出来你在努力。"

员工："我难道不是在工作吗？"

老板："你怎么能用这种态度说话？"

员工："那你要我怎么说呢？"

老板："你太自以为是了。这就是你的问题所在。"

不会产生对立的谈话方式是：

老板："喂，最近表现得可不太出众啊，这可不你像是你的作风。"

员工："我已经尽了努力了……"

老板："是不是有什么心事？"

员工："实际上……（妻子住院了）"

老板："是吗！你怎么不早说，家里出了事理应多照顾，要不就先请几天假，好好在家照顾一下病人。"

员工："好在已经没有什么大问题了。"

老板："噢，那就好。如果有什么困难尽管来找我。"

在这里，老板表现出了体贴员工的心意，又注意不要强按人低头，所以员工还是十分感激的。但是如果老板说服员工的方法不对，对方会对你产生敌意。这种情况多发生在谈话之前对对方怀有不满和厌恶的情况下，也可能是你过于急躁逼人认错的结果。所以，你要避免以上两种容易产生敌意的态度。另外，对方情绪过分激动时，其是非的判断力、意志的驱动力都会变得"模糊"，处于抑制状态。在这种情况下，任何"强攻"都难以奏效，不如暂停说服工作，告诉对方，好好休息，下次我们再慢慢谈。停一停再谈，这对扭转认识，稳定情绪具有很大作用。心理学研究发现，某一件事在头脑中形成强烈的刺激反应，一时无法抑制，但睡了一觉，这种情绪会淡化，这就是"睡眠者效应"。昨天看来已处于"山重水复疑无路"的说服工作，到了第二天再谈，就可能出现"柳暗花明又一村"的新局面。

老板说服员工，目的是使对方跟自己走。光是自认为理由充足可不行，还要掌握住对方的心理特点，使对方心甘情愿听你的，一切都由你做主。古希腊哲学家苏格拉底认为：他从来没有要教训别人什么，他只像一个灵魂的催生婆，帮助人们产生自己的思想观点。看来，领导者也很有必要掌握这种"催生"的艺术。

敬而远之，解决不了问题

领导者与被领导者在日常的工作中，偶尔也会为某件事发生摩擦，甚至争得面红耳赤。这时候，最重要的是解决问题。一般事情过后，大多数人能够握手言和。美国笛卡儿财政公司经理狄克逊，在管理方法上曾提出"有摩擦才有发展"的观点。

一次，狄克逊无意中说了一句话，戳痛了双方，双方在理智失去控制的情况下，激烈争辩，把长期郁积在内心的话倾吐了出来。然而，这次争吵却使双方真正交换了思想，反倒觉得相互的距离缩短了。以后双方坦率相处，关系有了新的发展。

在人与人的关系中，在领导者与被领导者之间的关系中，时常出现"敬而远之"的现象，这会使彼此无法进一步沟通思想。因为越是"敬而远之"，就越无法增加交换意见的机会和可能。这样，偏见和误解就会逐步加深。倘若能在合适的时机，通过一两次摩擦和冲突，找出问题的所在，倒可能使多年的问题得到解决，作为领导者应该敢于面对冲突，而不能一味迁就。通过冲突进一步改善人际关系，使全体员工襟怀坦荡、精诚合作。领导者如果没有面对冲突的勇气，没有解决冲突的能力，就难以改变恶化的人际关系，从而也就难以领导部门的工作。

正确对待组织内部的人与人、人与组织的关系，是企业内部公共关系的重点之一。因此，每个领导者都应从全局着想，认真对待这个问题，要善于处理面对面的冲突。

你与员工之间的矛盾冲突主要是由于你们对工作有不同的期望和标准。你希望工作尽快完成，而他们却认为不可能；你对他们的表现很失望，他们也因没有顺利完成工作而很灰心；员工希望得到更好的工作条件，你却不能满足；还有的员工态度粗鲁或者总是不恰当地奉承……这些情况都会对你的工作造成不好的影响，影响你在员工中的威信。因此，要在员工中树立威信就必须学会化解与员工的冲突，让他们佩服你。

在设法化解与员工的矛盾时，你可以问以下几个问题："我和员工的冲突到底是什么？""为什么会产生这种冲突？""为解决这个冲突，我要克服哪些障碍？""有什么方法可以解决这一冲突？"当你找到了解决冲突的方法时，还要检测这是否是有效的方法。另外，你还应当预见到按这种方法去做时会出现什么结果，以做到心中有数，不至于到时不知所措。当然，如果你感到问题很复杂时，可以找个专家咨询一下，或找个朋友谈一谈情况，请他们为你出主意。

你的一名下属闹情绪，工作不积极，你认为这是一个需要解决的问题。通过问上面提到的那些问题你会发现，冲突在于你们对何种行为是可以接受的但是存在认识上的差异，比如他向你抱怨工作间噪音太大，而你却不加注意，也没请人进行改进，原因在于他认为领导者应当重视噪音，而你不愿采取措施。需要克服的障碍是他对你不信任和确实存在的噪音。解决问题的办法是与他谈话时注意技巧，共同设法解决。结果可能是他改变了对你的态度，噪音问题也得到了解决，也可能是他仍旧不合作，你不得不辞退他或为他调动工作。

一位领导者既要学习管理技巧，也要注意培养自己的领导素质，增强自身的人格魅力，让员工自愿与你积极合作，共谋大事，对于有些稍有缺陷的领导者更应当注意如何增强自身的素质，避免可能出现的与员工的一切矛盾，达到最佳的合作状态。

此外，如今的员工希望了解老板的喜好，他们想与老板见面并交谈，具有某种私人接触。针对这种情况，你不妨学习一下惠普公司的"巡游式"管理方法，或许能使你收到很有效的结果。对此，你不必邀请每个员工到你的办公室来，进行关于人生意义的深入交谈，而是应当走出办公室去找团队成员谈话，你必须经常到组织中视察一番，让大家都看到你。你可以走到他们的身边对他们说："你不是有个问题吗？是什么问题呢？请说说看。"

当与员工沟通时，你应当与直接报告人保持最密切的关系，当然这些人需占用你更多的时间和精力，他们会提出建议，说明哪些人最易于与你沟通。你要经常走出办公室到公司其他地方转转，当然也不必为此特意安排一个时间表。如果你负责的不仅仅是一处工作地点，则要精心制订到各处视察的计划。你的出现表明你是认真的，是关心工作的，你是真正存在的，你是一个"人"，你的形象跟照片毫无二致。

在视察的过程中，要停下来与员工交谈，问他们是怎样工作的，在做什么，给那些生产工人向"大老板"询问怎样把工作做好的机会，告诉他们你为他们自豪，你很欣赏他们。视察时不要有太多的随行人员，显得你处在"象牙塔"中一般，如果在某一工作地点领导不能接触周围的环境，也会给人以处于"象牙塔"的感觉。

如果你的组织很小，你也许要经常去视察，要自己判断出适当的视察频率。记住，你对此种行为表现得越认真，就越可能产生积极的影响。

仅仅到处视察还不够，你必须与员工交谈，不必要谈很长时间，只要能通过沟通表现出你并不认为自己高人一等即可。需要注意的是，当员工感觉你跟他们的交谈很舒服的时候，他们就会开始与你交谈，他们会问你一些问题，并给你提出一些让你警觉起来的建议，你必须像对待客户或其他重要人物一样，迅速并集中注意力来做出反应。

总之，你要帮助员工解决问题，才能更好地与他们沟通。

了解对方的期待，使沟通更有针对性

在进行沟通前，我们必须先了解对方期望听到什么。德鲁克说，只有了解了对方的期望，我们才能了解沟通是否能够利用收听者的期待，以及是否需要对他"当头棒喝"，而让他意识到"不能如其所愿"的事情正在发生。也就是说,通过了解对方的期待,使我们的沟通更有针对性。

1954年,周恩来总理出席日内瓦国际会议,为了向外国人宣传中国人爱好和平,决定为外国记者举行电影招待会,放映越剧艺术片《梁山伯与祝英台》。为此,工作人员专门准备了一份厚达16页的说明书。周总理看后批评说:"不看对象,对牛弹琴。"后来周总理建议说:"你只要在请柬上写一句话:请你欣赏一部彩色歌剧电影,中国的《罗密欧与朱丽叶》。"

这一句话果然奏效,赢得了外国人的赞赏。

一次,孔子的学生仲由问:"听到了,就去干吗?"孔子说:"不能。"又一次,另一个学生冉求又问:"听到了,就去干吗?"孔子说:"干吧!"公西华在旁听了犯疑,就问孔子:"两个人的问题相同,而你的回答却相反。我有点儿糊涂,故来请教。"孔子说:"求也退,故进之;由也兼人,故退之。"意思是,冉求平时做事好退缩,所以我给他壮胆;仲由好胜,胆大勇为,所以我劝阻他。

孔子教育学生因人而异,我们谈话也要根据不同人的期待而因人而异。

杰克·凯维是加勒福尼亚州一家电气公司的科长,他一向知人善任,并且每当推行一个计划时,总是不遗余力地率先做榜样,将最困难的工作承揽在自己的身上,等到一切都上了轨道之后,他才将工作交给下属,而自己退身幕后。虽然,他这种处理事情的方法是很好的,但他太喜欢为他人表率,所以常常让人觉得他似乎太骄傲了。

最近不知怎么了,一向精神奕奕的凯维却显得无精打采。原来最近的经济极不景气,资金方面周转不灵,再加上预算又被削减,使得科里的机能差点停顿。凯维觉得这种情形若继续下去,后果一定不可收拾。

于是他实施了一套新方案，并且鼓励职工："好好干吧！成功之后一定不会亏待你们的。"但没想到，眼看就要达到目标了，结果还是功亏一篑，也难怪他会意志消沉了。

平日对凯维极为照顾的经理看到这些情形后，便对他说："你最近看起来总是无精打采的，失败的挫折感我当然能够了解，但是我觉得你之所以会失败，乃是因为你只是一味地注意该如何实现目标，却忽略了人际关系这种软体的工程，如果你能多方考虑，并多为他人着想，这种问题一定能够迎刃而解。"

经理停顿了一下，又接着说："大丈夫要能屈能伸，才是一个好的管理人员。我觉得你就是进取心太急切了，又总喜欢为职工做表率，而完全不考虑他们的立场，认为他们一定能如你所愿地完成工作，结果却给了职工极大的心理压力。大概也就是这个缘故，大家都说你虽能干，但做你的部属却很难。每个人当然都知道工作的重要性，所以你实在大可不必再给他们施加压力。你好好休息几天，让精神恢复过来，至于工作方面，我会帮助你的。"

经理在与杰克·凯维沟通之前，已经做过详细的调查，不仅清楚凯维消沉的原因，也知道了同事对他的评价。他判断，凯维此时最需要的一定是失败的原因和鼓励的话语。所以，他才说出上述一段话。这些话对于凯维来说确实很受用，在经理与他谈完话的第二天，他就信心百倍地开始工作了。

会打棒球的人都知道，当我们要接球时，应顺着球势慢慢后退，这样的话球劲便会减弱，与此相似，我们在说服他人的时候，如果能将接棒球的那套方法运用过来，沟通就会变得极为容易。

不要喋喋不休，让大家也参与讨论

说到领导的形象，大家都会用"平易近人"来表达。所谓"平易近人"一般是指领导善于和下属进行交谈和沟通，没有官架子。但要使交谈更好地进行，仅仅没有官架子还不行，还要讲究沟通的艺术。

首先，同地位比你低的人交谈，要注意防止高傲自大，显示自己的优越感。作为领导，常会使部下在与你交谈时产生害怕心理，因此你要让听你讲话的人确实是在听，而不只是在那里点头；应该做到要了解对方；创造有利于交谈的气氛；你讲的东西要力求让对方容易理解；要唤起对方谈话的兴趣；要使对方感到你是尊重他的，而且应该相互尊重。

唯有经常与下属平等、友善地交谈，你与下属的情感才能得以沟通，你交付的任务也就能够积极、迅速地得以执行。要求下属做某件事时，如果你能说服下属主动去做，效果会更好。聪明的领导者总是这样去做：利用下属的特长，告诉他怎样做能对自己有好处；把"丑话"讲在前头；说话要采用"可以"不错"但是"而不是当面否定对方的观点。

不管形式如何，在态度上，你都应热情、亲切；内容上，应适合对方的情趣和口味。在回答对方的提问或对对方的讲话做出反应时，应郑重其事，不要流露出怠慢甚至是轻蔑的神情，这也是衡量一个人心灵美的重要尺度。

在接触或交谈中，当你发现对方神态尴尬、讲话嗫嚅时，你应为其释难，用和蔼、平易近人的态度，使他大胆表达，做到无话不说。这样，彼此就会建立起一种友好的情谊。

其次，下属中间常有一些老实人，他们在交谈时往往难以合作，有的狡猾人往往欺侮老实人，能言善辩者也常常冷落木讷寡言者，这种社会风气和倾向要不得。领导者在同老实忠厚的人交谈时，也应以忠实热情的态度对待，不要搞"一言堂"，不要以自己能说健谈，就只顾自己讲，应该让对方有发表意见的机会。

在言谈中，说话频率不宜太快，不要咄咄逼人，不然对方会因应接不暇而不敢对话。当对方讲话时，你应诚心诚意地倾听。当他讲错了话或词不达意时，也不要去指责或奚落他，不然，会使他心慌意乱。当你同他讲话时，应该言辞通俗、态度诚恳、以诚相待，不要去夸大其词。

再次，充分确保员工的知情权。如果发生了每个人都需了解的事情，要把你的员工召集起来，告之这些消息或利害关系。有些事情不应推迟到下次例会上再说。

在许多组织中，自发性本身具有积极意义，按照已定的日程安排所进行的正常商业活动更需要自发性。

在自发性会议上可以发布好消息、需马上解决的问题，或者易被谣传误导的消息。让有关各方参加这种短时的会议还传达出这样一种信息，即你希望他们了解公司最近所发生的事情。

人们都有参与意识。如果你让他们了解得越多，给予更多的参与机会，使他们对前途有更好的把握，他们去其他公司发展的念头就越少。若员工感到在现有职位能真正发挥作用，即使其他公司提供某种职位，他也很少愿意去应聘。

此外，要注意，不是所有的会议都必须在同一地点举行，你可以在会议室、总裁办公室、午餐室或雇员工作的地方来发布各种信息。要根据你想要传达的信息来选择最好的会议地点。不要把会议地点局限在公司。有些公司在公司以外的地点也成功有效地举行了会议。

在当地汽车旅馆的会议室或某家饭店的会议室，或办公楼前面的树荫下召集全体雇员大会是十分有效果的。如果可能的话，要提供一些食物和饮料，它给人以舒适感，使人们在等待会议开始的同时有事可做，而且也表现了资方的体恤、慷慨和守信。

掌握了上述方法，让大家共同参与讨论，那么彼此之间的沟通将会取得更好的效果。

倾听代表你的姿态

本田宗一郎被誉为"20 世纪最杰出的管理者"。回忆往事，他常常对周围的人说起一则令他终生难忘的故事。

一次，一位来自美国的技术骨干罗伯特来找本田，当时本田正在自己的办公室休息。罗伯特高兴地把花费了自己一年心血设计出来的新车型设计图纸拿给本田看："总经理，您看，这个车型太棒了，上市后绝对会受到消费者的青睐……"

罗伯特看了看本田，话还没说完就收起了图纸。此时正在闭目养神的本田觉得不对劲，急忙抬起头叫了声"罗伯特"，可是罗伯特头也没回就走出了总经理办公室。第二天，本田为了弄清昨天的事情，亲自邀请罗伯特喝茶。罗伯特见到本田后，第一句话就是："尊敬的总经理阁下，我已经买了返回美国的机票，谢谢这两年您对我的关照。"

"啊？这是为什么？"罗伯特看本田满脸真诚，便坦言相告："我离开您的原因是您自始至终没有听我讲话。就在我拿出我的设计前，我提到这个车型的设计很棒，而且还提到车型上市后的前景。我是以它为荣的，但是您当时却没有任何反应，而且还低着头闭着眼睛在休息，我一失望气愤就改变主意了！"

后来，罗伯特拿着自己的设计到了福特汽车公司，受到了高层领导的关注，新车的上市给本田公司带来了很大的冲击。通过这件事，本田宗一郎领悟到"听"的重要性。他认识到，如果不能自始至终倾听员工讲话的内容，不能认同员工的心理感受，就有可能会失去一位技术骨干，甚至是一个企业。

积极聆听是暂时忘掉自我的思想、期待、成见和愿望，全神贯注地理解讲话者的内容，与他一起去体验、感受整个过程。

倾听是很重要的管理技巧，这里有几个简单的方法供管理者参考。

（1）态度要端正。千万不要摆出你是一个老总的架势，那样你的员工可能不会将他心中的真实想法表达出来，也很容易伤害他们的自尊。

（2）善于聆听弦外之音。你们的位置毕竟不同，有些时候，他并不直接地向你表达，而是选择绕圈子的方式。因此，当你在倾听时，要特别注意说话者的语调，因为里面很可能隐藏着他们要表达的真正含义。

（3）要有敏锐的观察力。根据一份报告指出，55%的沟通是根据我们所看到的事物。良好的倾听者会观察说话者的一举一动。

（4）要对所听到的情感作出反应。有时候，说话者所要表达的感情远比他们所表述的内容重要。仅仅理解说话者所表达的感情是不够的，还应当对说话者的情感作出适当的反应，这样才能使说话者知道他所要表达的内容对方都明白了。

（5）表现出你非常乐意的姿态。这个方法也许是最重要的，因为所有的倾听都开始于我们乐于参加的意愿。倾听的动作可能是人类最不自然的动作之一，因为我们得抛开自己的需要和时间表，来迎合他人的需求，这违背基本的人性，同时这也是良好的倾听习惯需费一番功夫才能精通的原因。

（6）与你的倾诉者对话。倾听是一种尊重对方的方式，但是，如果只是一味地"听"而不发一言，则会让倾诉者逐渐丧失倾诉的意愿。所以，不仅要倾听，还要参与对话。

（7）注意力集中。这是尊敬说话者的最起码的表现。聆听者的尊敬会使说话者觉得有尊严。当你未全神贯注地倾听别人说话时，你已在无意间冒犯了别人。尊敬说话者指的是，全神贯注于说话者，不打岔，不敷衍应答。

谨慎斥责，让员工接受意见

斥责下属是一件很不容易的事情，斥责得不当，不但起不到原来的目的，有时还会让下属感到灰心、失望。那么如何斥责下属才能达到预期的效果，而又能让他欣然接受呢？

1. 冷静地处理

盛怒时，多数人都是面红耳赤、颈暴青筋。过度的生气，往往会使人失去理性。不是在话语上"狂轰滥炸"，就是口不择言，这些都值得我们引以为鉴。怒气冲冲时，不可因情绪激昂而破口大骂，应冷静并选择有效的斥责技巧，这才是正确的方法。一位幼稚园的老师曾经说过：

"以声音来惊吓小孩，是非常不明智的举动。"当小孩受到惊吓后，为了防止再受伤害，会逐渐地把一些失败或不良行为转明为暗。好不容易才养成的健全身心，因此产生变异。所以，当家长因某事而盛怒时，不妨先握紧拳头并放入口袋中，数一、二、三……当怒气平歇下来之后，便能以理性来处理了。

被人批评："笨蛋！像猪一样笨！""教了就忘，你跟那些饲料鸡有什么不同？""叫你做事，害我晚上都睡不着。"相信你也会想："既然如此，一开始就不要叫我做。""你是垃圾，你家人也一样。前几天打电话去，那是什么礼貌啊！""看一个人的生活起居，就可以知道他是什么样的人。所以，我知道当你失败的时候，一定会找借口推脱。"伤害他人自尊心的话，不加思考就讲出来，对谁都没有好处！应该冷静地分析什么应该说、什么不该说之后，再平心静气地向对方说明。

2. 要考虑到场合

一次商务宴会上，罗伯特遇到了这样的一个场景。那是一家公司的圣诞晚会，但事实上受到邀请的人都是与公司有生意往来的合作伙伴，所以这个晚会相当于一个非正式的商务宴会。公司的一个高级职员穿了一件不够得体的晚礼服，与罗伯特谈话的公关部经理看到后马上中断了和他的对话，走到那个职员面前："你怎么穿这样的衣服来了？"经理的声音不大，但还是有人能听到。

"对不起……之前准备好的衣服不小心剐坏了，所以就……"

"那也不能穿成这样来吧。"经理嫌弃地看着职员身上的衣服，"简直是丢公司的人。"

面对咄咄逼人的经理，那个职员的脸色越来越难看。

"不要再解释了，马上去给我换一件，要么就离开这里，不要再在这里丢人了。"

被说得无地自容的职员只好狼狈地离开了会场。目睹这一切的罗伯特觉得这个经理做得过分了，他想这个经理应该不会在现在的位置上待很久了。果然，几个月后，这个经理被公司调到了外地的分公司，理由是无法和下属很好地相处。

批评时要考虑环境是否适合，这不仅仅是指不要在人多的场合中批评说教，还有其他的一些情况下，你也应该多加注意，以免让人产生逆反心理。

3. 明确地指出重点

大家都知道，听人说教很痛苦，尤其是一开口便是这个也讲、那个也骂，到最后仍使人弄不懂自己到底是做错了什么。所以，斥责对方时，必须针对错误的事项，提出自己的想法与意见，其余的一些小问题都可暂时不予理会，而就重点进行斥责。这也是能令对方印象深刻的最佳方法。冗长的说教，除了功效不佳之外，最后还有可能造成双方不和。

4. 因人而异地斥责

斥责的方式，必须要先看对方是属于什么类型的人之后，再下决定。个性较温和的人遭人大声怒吼时，只会一味地退缩和保护自己，无法专心听人说教。而个性刚烈的人，则往往会因对方的斥责而亢奋，无法忍气吞声。结果，通常都会采取强硬的反驳手段，或因而更奋发图强。

"笨蛋！你到底在想些什么？不要以为是新人就可以不负责任，拿回去重写！"

　　遭到上司斥责的 A 先生，心想："有什么了不起！"于是下定决心奋发图强："有一天等我超越你之后，看你怎么斥责我。"所谓强将手下的人各个精明能干，就是这个道理。一再遭到他人的斥责，却不愿认输投降的，往往都是出现在斗志高昂的人身上。而斗志不充足或是遇上麻烦就习惯性退缩者，通常在此阶段就因此而遭到淘汰的命运。

　　也有些人是属于工作效率高，但个性柔弱的，那么此时就该采取温和式的斥责。例如，将手轻搭在对方的肩上："喂！最近——表现欠佳，好好加油！"以不惊吓到对方的程度给予警告性的斥责。

　　就如以上所说，斥责要谨慎又谨慎，先考虑对方属于何种类型的人，再决定应该采取的方式。

第十一章

人人参与，铸造超强战斗力

集体决策，避免独裁

独裁会导致失败。人才对企业发展无疑是非常重要的，但沃德公司将企业安危系于埃弗里一身，则是一种非常危险的行为。因为个人的能力是有限的，只有集体决策才能提高决策的科学程度。而埃弗里的专断，听不进异己之见，自然会导致企业失败。

休厄尔·埃弗里无疑是个不一般的人，他曾经成功地挽救了沃德公司，但同样是他，又几乎倾覆了沃德公司。

休厄尔·埃弗里何许人也？埃弗里 1874 年出生于密歇根州的萨吉诺，是密歇根一个富有的木材商的儿子。在他一生中的许多年里，他一直是一个值得敬佩的成功者。1984 年，他从密歇根州立大学法学院毕业，并开始在他父亲手下的一家小石膏厂做基层工作。在 22 岁时，他已是这家工厂的经理。1901 年，这家小企业被美国石膏公司吞并。四年以后，埃弗里成为美国石膏公司的总经理。《时代》杂志把他描述为"一个和蔼的、卓越的超级推销商"。正是他把美国石膏公司建成美国最大的建筑材料供应商。

此后，埃弗里的人生之途出现了一次大的转机。在经济大萧条最严重的 1932 年，受沃德公司的董事和股东之托，埃弗里临危受命挽救这家岌岌可危的公司，因为沃德曾在 1931 年出现了 870 万美元的巨额赤字。埃弗里将一批年轻有为的经理人员召集在自己的周围，他在沃德公司的存货中增加许多高档品，并声称：

"我们不再依靠那些乡下佬和土包子，不再只卖工装裤和防粪鞋。"他使公司重新进入了时髦商品市场，改进了商品目录，关闭了70家亏损商店。

经过一番艰苦的努力，埃弗里成功了。12年后，他已把1931年的870万美元的亏损扭转为1943年的2043.8万美元的盈利。在1932年，这家公司的亏损是西尔斯公司的22倍，营业额却只有西尔斯公司的65%；而到1939年，沃德公司的营业额已相当于西尔斯公司的82%，利润则是西尔斯公司的84%。

事情如果到此为止，埃弗里可谓功成名就。但在公司经营顺利时，埃弗里却犯了一个不可饶恕的错误，即对企业实施独裁和错误的领导。埃弗里以铁腕手段控制着沃德公司，不接受任何异己之见。在他任职期间，有3位总经理、24位副总经理和许多其他高级管理人员先后离开了公司。在他们中间，有些人未来成为洛德和泰勒公司及W.T.格兰特公司的总经理。由于埃弗里的独裁，公司很难留住那些能干的经理人员，因为他们希望能够享有自主权，来做出积极进取的决策。

由于埃弗里的独断专行，以一个老式暴君的身份统治这个拥有10亿美元资产的公司，也由于公司没有民主决策机制，所有决策都由埃弗里做出，所以难以保证决策的团队化执行。恰好这时，埃弗里又犯了两个致命的错误：

其一，拒绝扩展经营规模。从历史上看，沃德公司的商店大多开设在乡间小镇上，这样做是为了拥有农村消费者，而他们在第二次世界大战之前被视为主要的市场。然而，第二次世界大战以后，人口的增加主要集中在大城市，尤其是在近郊，购物中心如雨后春笋般涌现并不可避免地从市中心和小型商业区那里抢走不少生意。但在这一购买方式发生重大变化的时期，沃德公司却拒绝扩大经营，拱手把市场送给了西尔斯公司、彭尼公司和其他竞争者。

其二，战略预测失误。沃德公司并非不具备扩张的条件，而是埃弗里对前景不看好。沃德公司既不缺乏资金，也不缺乏管理人才。事实上，该公司正储备着几百万美元的资金以备应用。资金如此充足，以致公司一位副总经理曾说过这样一句后来被广泛引述的话："在今日美国，沃德公司是拥有商店门面的最好的银行之一。"但埃弗里有一个不可动摇的信念，即第二次世界大战结束后不久便会发生经济大萧条，而他的依据就是第一次世界大战后发生的大萧条。埃弗里预计，由于工业从军工生产转向民用生产，几百万退伍军人又要寻找工作，因此整个国家在把经济向和平时期调整时将会遇到很大困难。他预言"经济形势的恶化将是我们始料未及的"。他因此表示说："我们（沃德公司）将不做任何反应，我们非常审慎。"

如果形势的发展正如埃弗里所料，即在战争结束的 3～5 年内确实开始了严重的经济大萧条，那么他就可能成为一名英雄式的人物，他可能会像《商业周刊》杂志推测的那样，获得"美国最精明的商人"的赞誉。当他人都因经济萧条而陷于紧缩困境之时，沃德公司的现金和流动资产就可推动公司以得天独厚的价格优势进行扩展。不幸的是，经济发展的现实表明，埃弗里的预测是错误的。

埃弗里的独裁，导致了公司决策难以吸收异己之见，最终铸成了公司战略性决策的失误。公司既丧失了发展机会，又在竞争中败北。

首先，1945—1952 年，即第二次世界大战后实行经济控制的年份，沃德公司连一家新的商店都没有开设，反而关闭了 27 家商店，使沃德公司的商店总数由 632 家减至 605 家；1952～1955 年间，他又关闭了

37 家入不敷出的商店。与此同时，其竞争对手西尔斯公司却在蓬勃发展，商店总数由 1946 年的 610 家递增到 1952 年的 684 家。

其次，当战争结束后，西尔斯公司马上就掀起了自 20 年代以来最大的扩展浪潮，大约有 3 亿美元的资金押在战后经济会立刻使经济发展这样一种信念上。在战争结束后的头两年里，西尔斯公司的销售额从 10 亿美元猛增到近 20 亿美元，而休厄尔·埃弗里则采取了袖手旁观的态度，不做任何发展的努力，按兵不动，拱手让出了市场份额。

预测是企业发展的关键。埃弗里之所以在竞争对手大兴土木、大规模扩张时按兵不动，是因为他预测前景不佳。预测失误，使企业错过了发展机会。当然，这也是由于个人决策科学程度低所致。

打造团队精神，让大家劲儿往一处使

团队人心涣散，效率低下；团队成员间互相猜疑，毫无凝聚力；天天围坐开会，却迟迟作不出一个好的决策……作为管理者，你是否也常常发出这样的感慨："为什么我的团队一团糟？"

在《群众与权力》(Crowds and Power) 这本书中，埃利亚斯·卡内提认为团队之所以能够拥有凝聚力就是由于团队中的每一个个体心中都拥有"同一种激情"。心中怀着共同的激情，使一群独立的个体组成了一个有凝聚力的团队。

现在很多企业的管理者都将"团队精神"挂在嘴边，但却光说不练，企业内部的"个人英雄主义"风气依旧盛行。一个人在团队中的力量可能远远胜于他单打独斗时自己的力量。而赋予它这种力量的就是它所拥有的团队精神。

有一个人开车行驶在乡间小路上迷了路，于是他一边开车一边查看地图，结果却陷在路边的壕沟里。他自己一个人的力量没有办法把车弄出来。他看到前面有家农舍小院，于是便走过去找人帮忙。

他走进院子没有看到任何能把他的车拉出来的现代化机械，只看到马圈里唯一的一头骡子，而且是已经衰老的骡子。他以为农夫会因为骡子太瘦弱而拒绝他，可出乎他的意料，农夫说："乌克完全可以帮你的忙！"

他看着瘦弱不堪的骡子，觉得很担心，于是问农夫："附近有其他农场吗？您的骡子太瘦弱了，恐怕不行吧。"农夫自信地说："附近只有我一家，您放心好了，乌克绝对没有问题的。"

他看着农夫把绳子一端固定在汽车上，另一端固定在骡子身上。一边在空中把鞭子抽得"啪啪"响，一边大声吆喝，"拉啊，乌克！拉啊，卡卡！拉啊，迪斯！拉啊，马克！"没过多久，老乌克就把他的车从壕沟里给拉了出来。

他觉得很吃惊，但又大惑不解："您为什么要假装赶很多骡子的样子呢？为什么除了乌克还喊了其他的名字？"

农夫拍了拍老骡子，笑着对他说："乌克是头瞎骡子，它每次只要在队伍里有朋友帮忙就充满干劲，年轻力壮的骡子都比不上它，而我刚才喊的那些名字是我原来那些骡子的名字，它们之前一直跟乌克一起拉车的。"

一个有生命力的企业，是具有凝聚力、向心力的。衡量一个企业是否有发展前景，关键是看企业的员工是否有团队精神，是否具有团队意识。优秀的管理者都明白：具有团队意识的员工才会真正体现其管理思想。反之，没有团队意识的员工，无论多能干、多优秀都不会使团队朝着既定方向发展。

有这样一个故事：三个皮匠结伴而行，在旅途中遇雨，恰好有座破庙让他们避雨。庙里还有三个和尚也在此躲雨，和尚看到皮匠感到很气愤，质问皮匠说：凭什么说你们"三个臭皮匠顶一个诸葛亮"，而说我们"三个和尚没水喝"？尽管三个皮匠始终忍让，但和尚不依不饶，以至于闹到上帝面前，让上帝来给个说法。

上帝并没有直接给出答案，而是分别把他们关进两间一样的房子里——房子阔绰舒适，生活用品一应俱全；内有一口装满食物的大锅，每人只发一只长柄的勺子。

过了三天，上帝先把三个和尚放了出来，他们几乎饿晕过去，上帝很奇怪："锅里有足够多的饭菜，你们为何不吃？"和尚们几乎哭了出来："你给我们的勺子把太长了，我们没有办法把饭放到嘴中啊！"

上帝很无奈，接着又把三个皮匠也放了出来，只见他们一个个红光满面，神采奕奕，他们感谢上帝给他们如此美味的食物。和尚们大惑不解，问皮匠们是怎样用这么长的勺子吃到东西的。皮匠们齐声说道："我们是相互喂着吃到的。"

可见，"团队精神"可以创造出一种无形的向心力、凝聚力和塑造力。只要大家心往一起想，劲往一块使，那么遇到困难就可以靠集体的力量来克服，没有的东西会被创造出来，缺少的东西也会心甘情愿地去补上，这样的企业就会战无不胜，攻无不克。

团队精神的培养并不是一朝一夕能完成的，需要一点一滴地铸造。首先，要有一个优秀的领导者，要用其人格魅力、吸引力和感召力去引导整个团队；其次，领导者的凝聚力和协调能力也十分重要；然后，领导者要设定团队共同的愿景，所有的人都有了相同的愿望和目标，就能同心协力。一个切合实际的目标会让整个团队产生征服它的心理作用；最后，领导要注意全方位的沟通和交流，沟通的好处在于能让员工迅速达成一致的观点和行动，形成团队的共同价值观。

团队里的人个性不同，价值观不同，习惯不同，所以团队成员之间产生冲突的情况时有发生。并非所有的冲突都是坏事，有时候就是需要不同的观点彼此激荡才能迸发出改进的火花。如果有一天团队中的人们都可以自由表达自己的心声或喜恶，或者不把这视为一种"毒瘤"而是一种健康的表现时，那整个团队必会因为多元化而受益。

把员工利益与企业发展相挂钩

美国石油大王保罗·盖蒂通过其一生的经营生涯，对用人总结出四种类型的评价和对策。他把自己手下的员工大致分为四个类型：

第一类，不愿受雇于人，宁愿冒风险创业，自己当老板。因此他们在当雇员时，表现得很出色，为日后自我发展积蓄力量。

第二类，虽然他们充满了创意和干劲，但不愿自己创业当老板。他们较喜欢为别人工作，宁愿从自己出色的表现中，分享到所创造的利润。一流的推销员与企业的高级干部均属这类人员。

第三类，不喜欢冒风险，对老板忠心耿耿，认真可靠，满足于薪水生活。他们在安稳的收入之下，表现良好，但缺乏前两类人的冒险、进取与独立工作的精神。

第四类，他们对公司的盈亏漠不关心，他们的态度是当一天和尚撞一天钟，凡事能凑合得过去就行了，反正他们关心的只有一件事，那就是按时领到薪水。

保罗·盖蒂认为第一类员工的才干是突出的，能用其所长，避其所短，可以为企业发挥重大作用。

第二类员工是保罗·盖蒂企业的中流砥柱，他以各种办法激励他们努力为本企业效劳，让他们建立牢固的企业归属感。

保罗·盖蒂对待第三类员工也十分珍惜爱护，把他们安排在各级部门当副手，逐步提高他们的生活待遇，想方设法稳住这支基本队伍。

对于第四类员工，保罗·盖蒂要求各级管理人员对他们严加管理，促使他们端正态度，为企业发展多出力。

有一次，盖蒂听到下属某家企业的汇报情况，知道该公司很有发展潜力，但营运状况很差，亏损严重。盖蒂经了解后很快找出症结所在，就是这家公司的3位高级干部无成本与利润的观念，他们完全属于第四类人物。

为了改变这家公司的现有面貌，盖蒂略施小计。他在发薪水之前，特意交代会计部门对那3位高级干部的薪水各扣5美元。他还吩咐会计部，若那3人有异议的话，叫他们直接找老板。

果然不出盖蒂所料，发薪水后不到1小时，那3人不约而同地跑来找盖蒂理论。盖蒂严肃地对他们说："我已经调查过公司的财务报表，发现上年度有好几笔不必要的开支，造成公司几万美元的损失，但我没有看见你们采取任何补救措施。如今，你们每人的薪水只不过少了5美元，却急不可待地要求补救，这是怎么一回事？"

那3位高级管理干部无话可答，听完盖蒂这番严厉的教训后，很有感悟。有两位很快研究出加强企业管理的措施，严格了成本与利润的核算观念。另一位没有改进表现，不久便被盖蒂辞退了。

员工如果只是把公司当成"混日子"的地方，当一天和尚撞一天钟，心里头只盘算自己的个人利益，势必会与公司总体发展、长远发展的目标相抵触，有时甚至会阻碍公司向前发展的脚步。

只有把员工的切实利益与企业发展的整体利益相挂钩，才能避免出现员工对企业整体利益漠不关心的心理状态。建立与此相应的奖惩机制，企业发展得好，人人都有益处，企业发展得不好，人人都受损失，这样形成员工与企业共存共荣的局面，才能从根本上解决个人利益与整体利益相脱钩的状态。

给下属树立一个共同的价值观

相互兼容的价值观是企业获得高效执行力的认知基础。所以，想要在企业内取得成就，就必须使员工的个人价值观与企业的价值观能够兼容。世界上大多数成功的企业，除了物质技术设备优越之外，更重要的是在员工个人价值观与企业价值观兼容上的成功——共同的价值观能够促进组织全体成员在对企业、战略、任务和执行的认识上趋于一致，从而提升企业的战斗力。

在日本市场上站稳脚跟之后，京都制陶总裁稻盛和夫希望公司走向海外世界，首先开辟美国市场。1962年，稻盛独自一人飞往美国，由于语言不通，也没有志同道合的代理人，结果无功而返。

1963年，原来在松下工业任贸易部长的上西阿沙进入京都制陶公司。上西出生在加拿大，他在松下时充分利用自己的语言优势，一直从事与海外的贸易往来。上西比稻盛年长 12 岁，对外贸易经验极其丰富，正是京都制陶急需的人才。

上西刚加入时，稻盛如获至宝，每天一到傍晚，稻盛就跟上西促膝长谈，竭力想使他的思想与公司一致。而上西自恃是精通贸易的专家，心高气傲，无法马上接受稻盛的想法和领导。

稻盛希望上西马上开辟海外市场，而上西认为想开展对外贸易，做市场调查的时间就得有一年左右。稻盛却绝不允许这样按部就班的慢吞吞的做法。稻盛的过度执着和上西的循序渐进产生了矛盾，二者在许多业务问题上各不相让，经常闹得不欢而散。

稻盛本来打算把经验丰富的上西当作自己的左右手，协助自己扩大海外市场。现在却为上西不能理解自己的意图而满怀怒气。这时候，稻盛深切地感受到贸易经验再丰富、再优秀的人才，不能同心协力就没有战斗力。他觉得自己无法与上西共事，决定解雇上西。

上西的养父听说这个消息后十分着急，跑到稻盛家中苦苦哀求，因为上西过于自负的性格使其在其他公司也无法长久待下去。稻盛决定再和上西交谈一次。他把自己所能想到的对生活、工作的态度、思考问题的方式等一一提出，向上西追问到底，想借此改变上西的思维方式。稻盛恳切的肺腑之言，终于使上西能够和他心灵相通了。

在上西的协助下，京都制陶很快就在美国的高科技产业的圣地——硅谷，建立起了海外兵团，成为日本企业打入硅谷的先驱。

作为一个企业，如果员工各有打算，各自努力的方向不一致的话，就会缺少合作力，影响企业发展，只有全体员工同心同德、齐心协力才能带来最大效益。共同的价值观、目标是一个优秀团队所必不可少的。企业领导者必须让每一个员工明白团队利益永远大于个体利益，个体利益永远服从于团队利益。

给员工一个为之奋斗的愿景

美国著名作家杜鲁门·卡波特说："梦是心灵的思想，是我们的秘密真情。"自人类诞生以来，人人都怀揣理想，时刻都希望实现自己最大的梦想。一般情况下，一个人不会为了不知道的事情去努力，他需要知道未来有多美好，看到自己心中想要的是什么样子，才会为了达成自己心中的愿望付出辛勤的汗水去努力奋斗。从这一点来看，如果能够将美好未来的愿景植入员工的内心，往往就可以给他一个奋斗的方向和动力，让其更好地为企业做出贡献。

作为一个领导者或者管理者，谋略、权术、组织能力、沟通能力、解决问题的能力……这些要素都很重要。但仅仅做到这些还称不上卓越。真正卓越的领导者，首先要具备的一点是要有一个清晰的愿景，并且把这个愿景送给自己的员工，作为他们的梦想，让这个愿景成为他们灵魂的指引，牵动着员工为之奋斗。

麦克是一家糖果公司的销售主管，他的手下有三个店长：第一个是大学生詹姆斯，这个人是个十足的幻想主义者，虽然工作能力很强，但是总是眼高手低，每个月都是凭借自己的创意促进店面的营业额。第二个是年轻的雨果，这个年轻人是从店员提升上店长的，为人踏实，只是有些木讷，他做店长没有太出奇的地方，但是颇为放心。第三个是罗拉，是个家庭主妇，这个人倒是有把握市场的经验，只是工作热情并不是很高。

　　几年过去了，糖果公司经过市场的考验在几次跌跌撞撞和起起落落中发展起来，麦克在升职为副总经理的时候整理资料，发现了过去主管的简历十分感慨，詹姆斯的梦想是成为企业家，所以在公司盈利的时候詹姆斯辞职出去自己开店单干了；罗拉的梦想是全职太太，所以在公司亏损的时候需要员工加班，罗拉辞职了，原因是压力大并且影响家庭；雨果的梦想是把糖果送给每一个孩子，因为他是在孤儿院长大的，小的时候只能在圣诞节和感恩节拥有糖果，而这个雨果，依然是店长。

　　事例中的管理者不懂得"控制心底梦想"这一管理方法，所以劳拉辞职，詹姆斯单干。当你没有成为对方精神上的主宰的时候，下属是不会死心塌地地为公司卖命的，只有控制了他心底的梦想，才能成为他精神上的"主人"。

　　每一个人的心底都有一个梦想，当外界的因素触动自己梦想的时候，人们无法避免在潜意识中把自己的注意力投向于此。正因为人的潜意识服从自己的梦想需求，所以控制内心的梦想的追求才会让他肯干并愿意干。

帮助员工树立工作信心

　　休斯·查姆斯在担任"国家收银机公司"销售经理期间，曾面临了一种最为尴尬的情况：很可能使他及手下的数千名销售员一起被"炒鱿鱼"。

　　原来该公司在财务上发生了一些问题。更糟糕的是，这件事被在外面负责推销的销售人员知道了，并因此失去了工作热忱，销售量开始大幅度下跌。到后来，情况极为严重，销售部门不得不召集全体销售员开一次大会，在全美各地的销售员皆被召去参加这次会议。

查姆斯亲自参加并主持了这次会议。

首先，他请手下最佳的几位销售员站起来，要他们解释销售量为何会下跌。这些推销员在被唤到名字后，一一站起来，每个人都有一段最令人震惊的悲惨故事要向大家倾诉：商业不景气、资金缺少，人们都希望等到总统大选揭晓之后再买东西，等等。当第五个销售员开始列举使他无法达到平常销售配额的种种困难因素时，查姆斯突然跳到一张桌子上，高举双手，要求大家肃静，然后，他说道："停止，我命令大会暂停10分钟，让我把我的皮鞋擦亮。"

然后，他命令坐在附近的一名黑人小工友把他的擦鞋工具箱拿来，并要这名工友替他把鞋擦亮，而他就站在桌子上不动。

在场的销售员都惊呆了，有些人以为查姆斯突然发疯了，人们开始窃窃私语，会场的秩序变得无法维持了。与此同时，那位黑人小工友先擦亮他的第一只鞋子，然后又擦另一只鞋子。他不慌不忙地擦着，表现出第一流的擦鞋技巧。

皮鞋擦完之后，查姆斯给了那位小工友1美分，然后开始发表他的演说："我希望你们每个人，"他说，"好好看看这个黑人小工友。他拥有在我们的整个工厂及办公室内擦皮鞋的特权。他的前任是位白人小男孩，年龄比他大得多，尽管公司每周补贴他5美元的薪水，而且工厂里有数千名员工，但他仍然无法从这个公司赚取足以维持自己生活的费用。"

"这位黑人小男孩不仅可以赚到相当不错的收入，不需要公司补贴薪水，而且每周还可存下一点钱来，他和他前任的工作环境完全相同，也在同一家工厂内，工作的对象也完全相同。"

"我现在问你们一个问题，那个白人小男孩拉不到更多的生意，是谁的错？是他的错，还是他的顾客的错？"

那些推销员不约而同大声回答说："当然了，是那个小男孩的错。"

"正是如此。"查姆斯回答说，"你们现在推销收银机和一年前的情况完全相同：同样的地区、同样的对象，以及同样的商业条件。但是，你们的销售成绩却比不上一年前。这是谁的错？是你们的错？还是顾客的错？"

同样又传来如雷鸣般的回答："当然是我们的错。"

"我很高兴，你们能坦率承认你们的错。"查姆斯继续说，"我现在要告诉你们，你们的错误在于，你们听到了有关本公司财务发生困难的谣言，这影响了你们的工作热忱，因此，你们就不像以前那般努力了。只要你们回到自己的销售地区，并保证在以后30天内，每人卖出5台收银机，那么，本公司就不会再发生什么财务危机了，以后再卖出的，都是净赚的。你们愿意这样做吗？"

当然，所有的人都说愿意。这些工作多年的推销员，缺少的不是工作经验或能力，而是对公司状况的信心。一个实力强大的公司，忽然财务困难，甚至导致几千人面临失业的危险……这些消极情绪吞噬了他们乐观向上的精神，当然也不再有什么工作热忱。然而，这种悲观的态度、消极的做法，却把自己和公司推上了绝路。

休斯·查姆斯正是看到了这一点，并且巧妙地运用一个惊人之举：站在大会的办公桌上擦皮鞋，引出了擦鞋小工友的故事，以此一针见血地指出了销售成绩下降的根本原因，并借此机会破除了弥漫在公司里的悲观情绪，为推销员们注入了生机和活力。

效果不难想象，国家收银机公司又取得了优异的销售成绩，安然地渡过了难关。一个擦皮鞋的小男童，为公司带来的效益是100万美元！

信心和热情是人类一切事业成功的关键。这一点对于销售工作尤为重要。作为领导者，如何从根本上消除员工的悲观失望情绪，树立他们的信心，激发他们的工作热情，是企业能否走上成功的命脉所在。

态度决定一切。积极自信的人会迸发出惊人的创造热忱和工作热情，完成别人眼中不可能完成之事。

最好的领导方式是空气式领导

制度是冰冷的，行政命令是呆板的，上下级之间是有距离的。企业管理者在领导员工的时候，不能因为自己处于领导者位置而表现出居高临下、高傲自大，不能依赖制度的框架而使下属觉得管理缺乏感情，不能片面地依靠命令而使下属产生束缚和限制，不能因为上下级关系而使员工产生距离感。否则，团队将会产生层出不穷的问题。

有这样一个故事：

美国纽约有一家动物园，因为人手不够，就从社会上招聘了一批饲养员，其中有一位特别爱干净，对小动物也特别有爱心，所以他每天都把小动物住的屋子打扫得干干净净。可是事与愿违，那些小动物一点也不领他的情，在干净舒适的环境里，他们都慢慢变得萎靡不振，有的生病，有的厌食，一个个日渐消瘦。

到底是什么原因呢？这位饲养员很苦恼，就去请教有经验的人。别人告诉他：那些动物都有自己的生活习性，有的喜欢闻那混浊的骚气，有的看到自己的粪便反而感到很安全。只有尊重它们的生活习性，它们才会健康成长。

对于企业管理来说，这个故事相当有寓意。这个故事说明：有效的管理必须针对组织内个体的需求，包容个体的差异性，并在此基础上灵活应对、多元管理，从而达到一个"和"的团队氛围。假如像故事中的饲养员那样，无视员工个体的差异，一味追求看似完美的统一，那么这样的组织最终一定会因抹杀了个体的个性而导致解体或僵死。

这一点在福特汽车的兴衰上体现得十分明显。亨利·福特是美国汽车业的一面旗帜，他改变了美国人民的生活方式，是美国人民的英雄，被誉为"20世纪最伟大的企业家"。但是，福特在管理上的专制和他与员工之间的对立状态，却使得他的企业蒙受损失。福特有一个错误的观念，在他眼里员工无异于商品，对于不服从命令的员工可以随时开除，反正只要出钱，随时能够再"买进"新的员工。

这个观念几乎断送福特汽车的事业。从1889年开始，福特曾经两次尝试创办汽车公司，但最终都因为管理出问题而导致失败。1903年，福特与其他人合作创办了美国福特汽车公司，后来，福特聘请了管理专家詹姆斯·库茨恩斯出任经理。在詹姆斯的卓越管理下，1908年，独霸天下的福特T型车诞生了。随后，T型车极其迅速地占领了汽车市场，而福特汽车公司也一举登上了世界汽车行业第一霸主的宝座。

成功和荣誉使福特变得更加傲慢无礼，他认为自己的所有员工都只是花钱雇来的，所以员工如果不绝对服从自己，就只能让他离开。直到20世纪20年代，在长达近二十年的时间里，福特公司只向市场提供单一色彩、单一型号的T型车。他的销售人员多次提出增加汽车的外观色彩，但福特的回答是："顾客要什么颜色都可以，只要它是黑色的。"

因为不愿适应市场需求去改动自己的汽车设计，福特公司就这样停止了前进的脚步。因为福特的独断专行，员工也都纷纷离职，最后连库兹恩斯也无奈另觅他处。1928年，亨利·福特为他的独断专行付出了巨大的代价，福特公司的市场占有率被通用汽车公司超越。

这个教训是深刻的。在亨利·福特晚年时，福特汽车公司已经面临垮台。他的孙子从祖父的手里接过了掌管公司的任务。为了挽救这个摇摇欲坠的公司，福特二世聘用了一大批杰出的管理人才，例如后来担任过美国国防部长的麦克纳马拉、原通用汽车公司副总经理内斯特·布里奇等。在这些人的大力改革下，福特公司重新焕发了生机。"福特王国"又一次迎来了它的辉煌顶峰。

但是，好景不长。随着企业的业绩越来越好，福特家族顽固蛮横的弊病又一次发作，福特二世继承了老福特的坏脾气，他开始嫉贤妒能，接连解雇了三位和他意见不和、功勋卓著的总经理。在他的排挤下，为福特的再次崛起立下汗马功劳的布里奇、麦克纳马拉等人纷纷离开公司。这些优秀人才的离去，使福特公司再次开始败落，业绩一落千丈，最后只得把公司的经营权全部交给福特家族以外的人。

其实最好的领导方式应该是空气式的领导。空气看不见摸不着，但不可或缺。所以不给人没有意义的压力，正如好的领导给员工的压力是生活所必须的压力，是员工自我鞭策自加的压力。空气却无处不在，人们离不了空气，当一个领导是企业离不开的领导时，说明了领导对公司发展的价值。领导的思想、理念，所传递的制度规范也要弥漫在企业的每个角落。能达到这种境界的领导才是真正高明的领导。

第十二章

刚柔并济，提升支持度

纪律严明，不被人情左右

数年前，伊藤洋货行的董事长伊藤雅俊突然解雇了战功赫赫的岸信一雄，这一事件在日本商界引起了不小的震动，就连舆论界也以轻蔑尖刻的口气批评伊藤。

人们都为岸信一雄打抱不平，指责伊藤过河拆桥，将自己"三顾茅庐"请来的一雄解雇，是因为他的东西被全部榨光了，已没有利用的价值了。

在舆论的猛烈攻击下，伊藤雅俊却理直气壮地反驳道："秩序和纪律是我的企业的生命，不守纪律的人一定要处以重罚，即使会因此降低战斗力也在所不惜。"

事件的具体经过是这样的：

岸信一雄是由"东食公司"跳槽到伊藤洋货行的。伊藤洋货行是以从事衣料买卖起家，食品部门比较弱，因此从"东食公司"挖来一雄。"东食公司"是三井企业的食品公司，对食品业的经营有比较丰富的经验，于是有能力、有干劲的一雄来到伊藤洋货行，宛如是为伊藤洋货行注入了一剂催化剂。

事实是，一雄的表现也相当好，贡献很大，十年间将业绩提高数十倍，使得伊藤洋货行的食品部门呈现一片蓬勃发展的景象。

但是从一开始，伊藤和一雄在工作态度和对经营销售方面的观念即呈现极大的不同，随着时间的推移，裂痕愈来愈深。一雄属于新潮型，非常重视对外开拓，善于交际，对部下也放任自流，这和伊藤的管理方式迥然不同。

伊藤是走传统保守路线的，一切以顾客为先，不太与批发商、零售商们交际、应酬，对员工的要求十分严格，要他们彻底发挥自己的能力，以严密的组织作为经营的基础。伊藤当然无法接受一雄豪迈粗犷的做法，为企业整体发展的需要，伊藤因此再三要求一雄改变工作态度，按照伊藤洋货行的经营方式去做。

但是一雄根本不加以理会，依然按照自己的方法去做，而且业绩依然达到水准以上，甚至有飞跃性的成长。这样一来充满自信的一雄，就更不肯修正自己的做法了。他说："公司情况一切都这么好，说明我的经营路线没错，为什么要改？"

为此，双方意见的分歧愈来愈严重，终于到了不可收拾的地步，伊藤只好下定决心将一雄解雇。

这件事情不单是人情的问题，也不尽如舆论所说的，而是关系着整个企业的存亡问题。对于最重视纪律、秩序的伊藤而言，食品部门的业绩虽然持续上升，但是他却无法容许"治外权"如此持续下去，因为，这样会毁掉过去辛苦建立的企业体制和经营基础。

从这一角度来看待这一事情，伊藤的做法是正确的，严明的纪律的确是不容忽视的。

管理现代企业，如同治军一样，要有严明的纪律和有令则行的制度。若置纪律于不顾，人心便会叛离，组织便会不再发生效用。在执行纪律的过程中，应一视同仁，不可受人情因素的影响，不能感情用事。纪律是军队的灵魂，同样也是企业管理的灵魂。

制度保障执行，规则高于一切

美国哈佛大学，其前身实际也只是一个地方小学院。而探究其发展壮大的秘诀，不管别人怎么议论，哈佛人却总是相信他们长期以来在管理上所坚定不移的信仰与毫不动摇的执行理念：法理第一，规则高于一切。

根据记载，当年哈佛牧师立遗嘱时，把他的一块地皮和250本书遗赠给了当地的一所学院——现在的哈佛大学。此后，哈佛学院一直把牧师的这250本书珍藏在哈佛楼里的一个图书馆内，并规定学生只能在馆内阅读，不能带出馆外。

1764年的一天深夜，一场大火烧毁了哈佛楼，所有书籍因此而化作灰烬。在此之前，一名学生碰巧把哈佛牧师捐赠的一册名为《基督教针对魔鬼、世俗与肉欲的战争》的书带出了图书馆，他打算在宿舍里优哉游哉地阅读。

第二天，当哈佛楼遭遇大火的消息传开后，这位学生很快意识到，他从图书馆携出的那本书已是哈佛捐赠的250本书中唯一存世的一本了，当然，这本书也就成了价值连城的珍品。经过一番思想斗争后，这位学生还是找到了当时的校长霍里厄克，并把书还给了学校。

这件事情的结果既是特殊的，也是意味深长的。校长收下了书，并对这位学生表示了最衷心的感谢，不过校长随后即下令将这位学生开除，理由是这名学生违反了校规。

　　这似乎有些不讲情理，怎么能这样对待这位无私的学生呢？谁都知道，这本书是哈佛牧师所捐赠的书籍中唯一存世的一本，也是世间绝品，价值不可估量。然而哈佛有哈佛的理念，而且哈佛的理念不能有丝毫偏离：法理第一，规则高于一切。让校规看守哈佛的一切比道理看守哈佛更安全有效。换言之，让规则管理哈佛并且坚定不移、毫不动摇地执行之，这是他们永远的理念，是他们永远的行事态度，也正是他们永远的成功保障。

　　哈佛规则的故事应该给我们许多启示。其中，最重要的一个启示就是：管理最本质的内涵是规则。无论是已发展到一定规模的组织还是刚刚成立的新组织，都需要一些规章制度来进行规范管理。制定制度本身并不难，难的是制度的执行。

　　其主要原因在于：制度的执行实际上是在规范和改变成员的工作习惯。中国有句俗话叫"江山易改，本性难移"，改变一个人的习惯是相当困难的，况且制度是要改变所有成员的工作习惯，其难度可想而知。

　　所以在制定各项制度时，不但要确保制度的正确性，更重要的是要保证制度在实施时能被成功地执行。为此，制定制度不能草率。制定管理制度要符合以下十大原则。

1. 让当事人参与的原则

　　让当事人参与制度的制定是制定制度的一个重要原则。如果这个制度是针对整个组织的，就要尽量使组织的全体成员都参与到制度的制定中来，如果只是针对某个工作流程而制定的制度，则需要请相关的成员参与进来。一般的做法是由起草人进行过认真调查之后，起草制度的草案，将该草案公布于众，让大家进行讨论和修改，并由起草人收集意见进行修改。对于重点的当事人，起草人要个别征求他们的意见，并做认真的记录和总结。

要注意的是在收集到的意见中，会有80%的意见是重复的或不可行的（对这些意见要向提出人做耐心的解释），只有20%的意见真正有作用。但这种让当事人参与讨论制度的形式不可缺少，因为这种参与的形式比参与的结果更加重要。

虽然让当事人参与会让制定制度变得复杂起来，但却会对今后制度的执行减少很多障碍。人本能地会对约束他的东西产生反感，而制度恰恰是约束人的东西。让成员参与到制度的制定中来，可以减少这种反感，因为人们都不会讨厌自己的劳动成果。

2. 简明扼要的原则

制度是需要执行的，当成员对制度本身无法深入地了解时，就谈不上能很好地执行。制度是针对所有当事人的，所以制度本身的语言描述应该尽可能地简明、扼要、易懂，并且不易产生歧义，让所有的当事人都可以轻松地理解。另外，制度不必非常缜密和完备，首先是因为这样会损害制度的简明性和易懂性，不利于制度的执行；其次是每位成员都对制度有基于常识的认识和理解，而这些常识性的东西不必在制度中面面俱到。

3. 不求完善但求公正的原则

在制定新制度时，很难做到一次性制定得非常完善。随着组织的发展和管理水平的提高，可能还要不断地进行修改和充实。制定制度是为了使用，所以制度一定要适合组织。在制度执行的过程中，可能会因为制度本身的不完善和不合理而出现一些问题，但这些不应该影响制度的公正执行。比起制度的完善性，成员往往更加关心执行制度的公正性，所以对于制度的制定者来说，应该比关心完善性更加关心执行的公正性。

4. 系统和配套的原则

制度要全面、系统和配套，基本章程、各种条例、规章、办法要构成一个内在一致、相互配套的体系。同时要保证制度的一贯性，不能前后矛盾、漏洞百出，避免发生相互重复、要求不一的情况，同时要避免疏漏，要形成一个完善、封闭的系统。

5. 从实际出发的原则

从实际出发是制定制度必须遵守的重要原则。制定制度要从组织的实际出发，根据组织的构成内容、工作对象、管理协调的需要，充分反映各项组织活动的规律性，体现组织的特点，保证制度具有可行性和实用性，切忌追求时髦，流于形式。

6. 重视成员工作习惯的原则

没有人会主动更改自己熟悉的工作方式，所以在制定制度时，一定要认真分析现有的工作流程和工作习惯。在达到目标的原则上，要尽可能地继承原有的流程和习惯，这样才能有效地保证日后制度的执行。

7. 以需要为依据的原则

制度的制定要以需要为依据，即制度的制定要从需要出发，而不是为制定制度而制定制度。需要是一项制度制定与否的唯一标准，不必要的制度，反而会扰乱组织的正常活动。如有些非正式行为规范或习惯能很好发挥作用，就没有必要制定类似内容的行为规范，以免伤害成员的自尊心和工作热情。

8. 具有先进性的原则

制度是一个组织的"骨架"，先进的制度有利于组织的正常运营，因此，制定制度一定要从调查研究入手，总结本组织的经验，同时吸收其他组织的先进经验，引进现代管理技术和方法，保证制度的先进性。

9. 采取措施、改变习惯的原则

新制度的执行过程就是改变成员工作习惯的过程。管理者应该很清楚地认识到该制度的执行会带来哪些工作习惯的改变，成员是否可以接受这种改变，接受的程度如何。根据具体情况，管理者必须采取一些辅助措施来加强对成员工作习惯的改变，比如在新制度执行时，进行制度培训，或进行频繁地抽查和监督等。

10. 具有操作性的原则

制度必须具有可操作性，否则就失去了制定制度的意义。要想使制度易于操作，最好在制定过程中就明确一般的操作方法。另外，要写明制度的原则，这样便于对特殊情况进行处理（最好能规定出解释权的归属部门）。

把握好威严与亲近的度

子夏认为君子三变在于："望之俨然，即之也温，听其言也厉。"《论语·子张》子夏的意思是说，远看上去觉得很严肃，接近了却很温和，听其说话又觉得非常理性与犀利。这与孔子所说的"子温而厉，威而不猛，恭而安"如出一辙。

君子三变不是刻意做出来的表情变化，而是日常修养所致，也是优秀管理者的一种魅力性格。由于其个人的努力、环境境遇的影响、与不同主体间的交流与沟通，个人思想的形成等多类因素养成了这种"温而厉"性格，使管理者塑造出一种可敬又可亲的领导形象。

但在实际工作中，我们却时常看到许多管理者都有"两变"：对上司的态度一变，对部下的态度又一变；上司在场时工作态度一变，上司不在场时工作态度又一变；听到表扬时一变，听到批评时又一变；面对赞同意见时一变，面对反对意见时又一变。

某知名企业的罗宁就是一个善变的人。罗宁是公关宣传部总监。性格多疑，粗暴，习惯于喋喋不休地指手画脚和轻视下属的工作，责骂下属更是常事。在他的部门，没有一个下属能成为他的朋友，也没有一个下属能和他沾上亦师亦友的关系。

罗宁奉行的管理方式就是责骂，关于上下级关系的信条就是：上司就是上帝，下属应当极力讨好。只要自己的下属稍有不对，张口就骂，甚至抓住一点错误就上纲上线地大做文章。为此，下属总是敢怒不敢言，更不用说有什么反对意见。

罗宁在工作上也是独断专行，下属们根本感觉不到什么尊重和信任，所以只能选择离开，甚至没有一位员工能在罗宁的部门待满半年的。当然，物极必反。有一次，公司取得了一项重大活动的举办权，老板把这项活动交给罗宁去负责。下属们决定给罗宁一次厉害的反击，开始时大家都装作在积极工作，直到活动举办的当天，却集体罢工，现场只有罗宁一人，活动结果可想而知。经过调查，老板这才明白罗宁平常对下属责骂的不当行为，为了让员工回来工作，只得请罗宁离开了公司。

罗宁"责骂"的管理方式让下属敬而远之，最终引起员工的共愤，而被迫离开也是他个人一手造成的。人都会犯错误，当员工犯了错，管理者首先要做的不应是责骂已经知错的员工，而是马上针对出现的问题进行解决处理。一些领导者面对已经出现的问题，往往急于在自身之外寻找理由，寻找可以谴责的替罪羊。这种做法只会令下属表示出怀疑与失望。

优秀的管理者应该使下属觉得既近又远。管理者需要与下属保持较为亲密的关系，这样下属在工作时也愿意从领导的角度出发，替领导考虑，并尽可能把事情做好。但同时又要保持适当的距离，尤其在心理距离上。这样不仅可以保持领导的神秘感，而且也能减少下属间的胡乱猜疑，避免不必要的争斗。

裴松之在《三国志注》中提到西蜀大将马超的一段逸事：超因见备待之厚，与备言，常呼备字，关羽怒，请杀之。备曰："人穷来归我，卿等怒，以呼我字而杀之，何以示与天下也！"张飞曰："如是，当示之以礼。"明日大会，请超入，羽、飞并杖刀直立，超顾坐席，不见羽、飞，见其直也，乃大惊，遂不复呼备字。

张飞说的"当示之以礼"切中要害，无论上司多么尊重你、赏识你，作为一个下属不应该得意忘形，应该摆正自己的位置、约束自己的言行，不对上司表现出出格举动，尤其切忌当众做有损领导形象的事，那将直接损害领导的权威。领导尊重下属是应有的胸怀和气度，下属保持谨慎是应尽的职责，双方都应做自己该做的事。

俗话说距离产生美，远则生美，近则生嫌。大家都知道，无论山水还是沙漠，远观总能感其雄伟和美丽，但近看的感受则完全不一样。朋友相处是这样，同事相处是这样，甚至夫妻也是这样。和下属相处，必须保持适当的距离，没有距离，不会生敬也不会有威。所以在条件允许的情况下，应该有独立的办公空间，也不应该和某些人特别热络。

因为有特别亲密的关系，会让下属觉得他和你是无话不谈的，你的命令会不容易被执行，甚至会顶撞你，而他却觉得是帮助你，是好心纠正你的错误，而他的态度也会让其他人效仿，进而使你失威。大家常说领导要礼贤下士，平易近人，但你如果天天和下属混在一起，肯定达不到这种效果。没有疏，就不可能使下属对领导产生有礼贤下士、平易近人的感觉。过度地和团队中的某个人亲近，会让人觉得你会有失公平，从而失敬。如下属对你无敬畏之心，你就不可能有效管理团队。

子夏通过"君子有三变"的论述，为君子们如何把握"威严"和"亲近"之间的度树立了一个比较清晰的标准，这个标准体现的是管理的"理性原则"，也就是说该威严的时候就要威严，该亲近的时候就要亲近，做到既让下属觉得亲近，又能让他们产生敬畏之心。

罚要罚得刻骨铭心

领导者对部下打巴掌的时候，不能姑息手软，技巧性的要诀就是：稳、准、狠。一定要打得准，打得绝。这样才能给他留下深刻印象，达到惩罚的目的。

第一要稳。采取强硬手段惩罚一个人，有时要冒很大风险。这主要在于，被惩罚者有时有良好的人际关系，有时掌握着关键技术，有时有着很硬的后台。但领导者不能因为有这些担心就不敢果断采取行动，事实上，只要谨慎行事，就可以既达到惩罚效果，也不会出现不利的后果。拿这样的人开刀，要对其背景多加考虑，慎重行事。惩罚不当终会带来抑制和报复，因此在惩罚之前首先应想到后果，能够拿出应对一切情况发生的可行办法。

第二要准。批评、惩罚都要直接干脆，针对其弱点，直刺痛处，争取一针见血。

第三要狠。一旦认准时机，下定决心，便要出手利落，坚决果断，毫不容情。切忌犹疑不定，反复无常，拖沓推诿。

一些杰出的领导者的经验是："一旦采取坚决措施，便变得冷酷无情。"即使当他们不得不解雇某人时，也并不因强烈的内疚而变得犹豫不决。这样做，也是在向众人显示，我这一做法是完全正确、适宜的，这是最好的选择。

要加强对员工的约束，有强化纪律的书面制度，保证下属受到公平的对待，避免一时冲动给他们严厉的惩罚。

如果是第一次犯错，口头警告，让他们知道哪里错了，指出应该如何改正。同时，记下这一次发生的具体情况，让他们真正认真起来，明白对于任何错误，领导者都不会熟视无睹的。

第二次犯错时，书面通知他们，并警告说下次犯错误受罚，扣工资或者换工作。如果屡教不改，根据公司规定和员工所犯错误的性质及程度，给予长短不同的停工时间，停发一切报酬。这是给予的真正惩罚，丝毫不能手软。

第三次犯错时，降职、降级，或者调换工作、开除。可根据具体情况，做出上述惩罚之一。其中调换工作是最常见的，因为这样既可减少解雇给员工造成的打击，又可以使自己减少一个问题户。

上司在惩罚下属时往往也是迫不得已的，但一旦做出决定，就不能心慈手软，要讲究稳、准、狠，否则只会降低自己的威信，反而导致下属放任自流，无法形成严明的纪律。

说出你的期望

领导的期望就是一条沟渠，被领导期望的员工像是流在沟渠里的水，总是能快速地成长到被期望的高度。要想促进员工成长，让员工知道企业对他们的期望很重要。

企业对员工的期望，表达的主要方式是分配其重要任务。英国卡德伯里爵士认为："真正的领导者鼓励下属发挥他们的才能，并且不断进步。失败的管理者不给下属以自己决策的权利，奴役别人，不让别人有出头的机会。这个差别很简单：好的领导者让人成长，差的领导者阻碍他们的成长；好的领导者服务他们的下属，差的领导者则奴役他们的下属。"

让员工承担重要工作，是促进员工成长最有效的方式。松下幸之助就很重视企业人才的培养，他常对工作成就感比较强的年轻人说："我对这事没有自信，但我相信你一定能胜任，所以就交给你办吧。"根据员工的才能、潜力委派任务，再适时加以指导和引导。对工作成就感比较强的员工，要善于压担子，给其提供锻炼与发展的机会，以挖掘其潜力，创造更大的成绩。领导者越是信任，越是压担子，员工的工作热情就越高，工作进展就越顺利。

作为世界上最大的石油和石油化工集团公司之一，BP 就常用任务来促进员工成长。BP 建于 1909 年，总部位于英国伦敦，是由原英国石油、阿莫利、阿利、嘉实多 4 家集团组合而成。业务包括石油及天然气的勘探和生产、天然气和电力、石油销售以及石油化工和清洁能源太阳能。它也是世界上主要的交通燃料制造商和销售商，在燃料质量、装运、销售和零售方面享有盛誉。BP 全球雇员约 11.5 万人，在全球拥有 29200 个加油站，其中在美国有 1500 个。

BP 首席执行官布朗要求 BP 公司里的每个员工都要清楚两点：第一，自己的任务是什么，自己应该做什么，而不是由别人告诉你做什么。如果是公司的管理人员，他还要对团队成员的才能、素质以及自己掌握的资源所能做成的事情十分清楚。第二，任何人都要能作出详尽的工作计划，在研究公司战略上必须清楚和能正确评估其资金实力和可能有的多种选择。通过这两点，保证了整个团队的每个人都知道自己该做什么。因为每个人都理解什么事情能做和应该做，就能行动快，员工就能随着工作的完成而得到快速成长。

BP 很重视对年轻人、开发管理人才的培养。他们的目标是使每一个进入 BP 的人都能做得更好。他们对有才能的年轻人进行培训，让他们到不同岗位、不同国家工作，丰富他们的经验，提高他们的领导技能，有能力的就提拔。对公司一级的接班人，还要让他们了解公司整体状况，了解决策是怎样作出的。决策前必须听到最好的建议，而不是先决策，再咨询。

对于有潜质成为重要高级管理人员的人，布朗培训最独特的方法之一是让他做 1 年至 1 年半布朗的个人助理，在公司内被戏称为"海龟"——这个词来自日本动画片《忍者神龟》。作为布朗的助理，小到递雪茄盒，替他做日程，大到旁听董事会辩论、决策，都要全程参与。布朗说，这是让年轻人通过观摩来学习怎样作出正确决策，怎样向人解释决策，怎样沟通，碰到问题时知道哪些该做，哪些不该做，明白如何分轻重缓急等，核心问题是学会怎样成功。

BP 是个大公司，许多事情要靠各级管理者个人决断，所以，布朗认为，最好一次选对人，否则后患无穷。被重点培养的人，能够充分感受到公司的期望，所以，从布朗办公室走出的高级管理人员的工作都很出色。"我们有最好的队伍"是 BP 骄傲地写在年度报告上的 3 句话之一。布朗说，正是这样的机制使 BP 的员工工作非常有效率。

相反，把员工看作是螺丝钉，员工丝毫感觉不到公司的期望，公司管理者出于担心员工能力不足把事情做坏而事必躬亲，不仅累坏了自己，也不利于员工的进步和企业后备人才的培养。员工获得成长，管理者才能轻松起来。管理者不能替代下属的学习过程，他们能做的是对下属进行言传身教，对下属的工作予以指导和鼓励。告诉员工你对他的期望，他就能达到你的期望。

拒绝员工的某些要求

要是在全年最忙的几天，有人要请假，或者别的经理想从你的部门借一名员工用一周，你很可能会一口回绝："不行。"

一些平常你有可能同意的要求，在某些场合下却不得不回绝。所有人都想顺人意、讨人爱，但在工作中难免要拒绝别人的一些要求——有的要求合情合理，另一些却可能是非分之求。下面是一些你非坚持立场不可的例子。

1. 不能批准员工休假

有两种情况：要么是你的下属没有按照安排休假计划的规定办事，要么是这段时间已经安排给其他员工休假了。

要是前一种情况，就应该让下属知道他没有遵守规定。你应该这么对他说："很抱歉，我们打算在那个星期盘点存货，一个人手也不能缺。你知道，正因为这样我们才规定每年的一月安排休假计划。"

有时，员工的请假要求与别人预先计划好的休假有冲突。遇到这种情况，你要让他明白，批假的原则是"先申请先安排"，所以不能批准他的请求。不过，可以准许他与已安排休假的那个员工协商调换休假日期。

2. 员工要求加薪或升职

遇到那些特别尽职尽力的员工请求加薪或升职时，要开口说"不行"实在是一件很为难的事。特别是有时员工的职位、薪酬早该变了，但预算紧缩，生意清淡，或其他因素使你无法对他们的勤勉予以奖励，要说"不行"更是难上加难。

这时，最好如实相告，说清楚为什么不能升职或加薪。

处理这类问题时，切忌做超出你职权的承诺。即便你说了自己承诺的事要视将来情况而定，如等生意出现转机，预算松动之后等，员工仍可能把它看成是正式的承诺。

3. 员工要求改变上下班时间

照顾子女、交通问题以及其他事情常常给员工带来困难。能与员工配合，帮他们渡过暂时的困难当然好，但不一定总能行得通。

关键是怎么说"不行"。因为如果员工感到你对他的困难漠不关心，他就很可能另谋高就。

具体处理时要尽可能灵活，探讨各种可能的办法，这样即便不得不否决他的请求，你为此所做的努力也有助于消除员工的怨恨。

有些时候，准许员工偶尔稍许迟到或早一点走，不是什么大不了的问题。重要的是一定要事先征得你的同意，不然，你迟早会发现下属自行确定上下班时间。

有时你准许某个员工提前下班，而有时候又不得不否决这类要求，这时一定要跟员工讲清楚原因，否则，他们会认为你办事没有原则或偏袒某些人。

4. 员工要求调到另一部门

如果是一个可有可无的人请求调动，那就赶快批准，你还应该庆幸自己的运气。但要是你身边最得力的员工要求调动，而且是在大忙时节，或在一时找不到人顶替的时候，千万不要断然拒绝，因为那样会使一个好员工消沉下去。

你应该跟他坐下来谈谈为什么要请调。你会发现促使他调动的原因可能与工作无关，可能是他与某位同事关系紧张，也可能是由于一些通过调整工作可以解决的问题。但是，这些要通过交谈才会发现问题在哪里。

如果谈话毫无结果，没有什么能使他改变调动的想法，你只有拒绝。但要尽可能减少给他造成的消极影响，尽量给他一线希望。比如可以说："现在不能调，过一两个月再看看有没有机会吧。"

这样做不仅为你赢得了考虑其他可能性的时间，而且在这段时间里，员工的想法也可能发生变化。不管怎样，对员工的调动要求表现出关心，有助于减轻拒绝对员工造成的伤害。

注意管理中的弹性

领导者要注意管理中的弹性，既坚持制度，又不伤害下属的感情，这样既可以约束下属，又不至于因为处罚而伤了下属的心。

福特公司的创始人，"T型车"的发明者亨利·福特不仅善于钻研，精通技术，而且在管理上也是一个全才。他几十年的企业生涯，历尽起落沧桑，但是他以他那全才的素质，屡屡赢得了成功。

作为产权人公司的大老板，福特虽然掌握着公司的所有大权，有权左右员工的命运，但他却从不滥用职权。他经常为员工设身处地地着想，在实际工作中，既坚持制度的严肃性，又不伤员工的感情。

有一次，一个老员工违反了工作制度，酗酒闹事，迟到早退。按照公司管理制度的有关条款，他应当受到开除的处分。管理人员作了这一决定，福特表示赞同。

决定一公布，这个老员工立刻火冒三丈。他委屈地对福特说："当年公司债务累累时，我与您共患难，3个月不拿工资也毫无怨言，而今犯这点错误就把我开除，真是一点情分也不讲！"听完老员工的叙说，福特平静地说："你知道不知道这是公司，是个有规矩的地方……这不是你我两个人的私事，我只能按规定办事，不能有一点例外。"

后来，福特了解到这个老员工的妻子去世了，留下了两个孩子，一个跌断了一条腿，一个因吃不到妈妈的奶水而啼哭。老员工是在极度的痛苦中，借酒浇愁，结果误了上班。

了解到这个情况，福特为之震惊，他立即安慰他说："你真糊涂，现在你什么都不要想，赶紧回家去，料理你老婆的后事，照顾孩子们。你不是把我当成你的朋友吗？所以你放宽心，我不会让你走投无路的。"

说着，从包里掏出一沓钞票塞到老员工手里，老员工被老板的慷慨解囊感动得流下了热泪，哽咽着说："我想不到你会这样好。"福特却认为，比起当年风雨同舟时员工们对自己的帮助，这事儿简直不值一提。他嘱咐老员工说："回去安心照顾家吧，不必担心自己的工作。"听了老板的话，老员工转悲为喜地说："你是想撤销开除我的命令吗？"

"你希望我这样做吗？"福特亲切地问。

"不，我不希望你为我破坏了规矩。"

"对，这才是我的好朋友，你放心地回去吧，我会适当安排的。"

事后福特安排这个老员工到他的一家牧场当了管家。

亨利·福特处理工作不感情用事，能够做到既坚持制度，又不伤害下属的感情。

有几个一起工作多年的员工，在公司遇到困难的时候背离了他，十几年后，公司状况得到好转，这几个人又找上门来了。对于这样的人任何人都是难以容忍的。即使在当时，福特也为此深感痛心，并气愤地说："我希望永远不再见到你们"！福特公司兴隆，事业大振时，福特早已把自己的誓言放在脑后，他欣然接受了这几名员工。这件事使这几名员工深受教育，老板不念旧恶。从此以后，他们同福特同心协力，为公司的强盛做出了自己的贡献。

松下幸之助认为，情感管理和制度管理是有效管理的两个方面。留住人才是每一个领导者所希望的，但要留住人才必须要做到情感管理与制度管理"双管齐下"。情感管理旨在从人之常情出发，关心员工生活，努力为其营造宽松和谐的工作环境，增强企业的亲和力。情感管理能有效弥补制度管理的不足，变消极为积极，化被动为主动。情感管理与制度管理，前者为柔，重在"布恩"，后者为刚，重在"立威"。刚柔相济，恩威并举，才能使员工心悦诚服。

给团队提供释放压力的渠道

让一根木尺不断地弯曲，到了某种程度它自然就会断裂，团队也是一样，加压到某个程度就会撑不下去了。当然，每个团队成员都生活在压力之中，但要是压力太大，就会出现明显的焦虑症状，有时甚至会引发严重的后遗症。不同的人有不同的"临界点"，超过这个容忍极限，后果就不堪设想。

英国作家维龙·可曼博士写了一本书《舒缓工作压力的技巧》，在书中提到了在英国公司里，平均每个团队成员每年因为压力过大而折损了价值1000英镑的生产力。也就是说，假如这个公司有1000人，每年就要平白损失100万英镑的收入。为什么会这样？很简单，团队的管理者没有学会为自己的团队减压。

鉴于现在的员工都处于极高的工作压力之下，许多跨国公司都积极提倡开放的企业文化和轻松的工作氛围，这一点在微软尤为突出。软件业的从业人员显然处于更高的工作压力之下。为了减轻员工技术层面上的压力，微软在做任何一项软件开发的时候，每天都有一个"Check point"，员工们以研讨会的方式在一起探讨问题。为了减轻业务人员的压力，经理们通过"one on one"，即直接对话的方式定期与之交流，帮助其减压。

时任微软中国总裁的唐骏平时在跟员工沟通的时候，经常问的一个问题是："在工作过程当中，你怎么才会更开心？"他鼓励员工大胆说出自己的看法。他向员工承诺,任何时刻有想法,都可以来敲他的门;任何时刻给他发邮件,他一定在最短的时间内回复,并且解决问题。"压力这种东西是无形的,如果没有释放的渠道,就被扩大了。相反有了后盾,就被缩小了,不值得担心了。"唐骏说。

虽然生活中没有固定的模式可以保证免受压力,但还是有许多方法可以减轻压力,团队管理者可以采用下列几种方法在团队中营造出轻松的氛围。

(1)用培训减压。培训一方面可以提高团队成员的专业知识和技能,另一方面也会让他们学会如何减少和应对工作压力。这将有利于他们掌握沟通的技巧,学会处理上下级、同事之间的关系,更合理地安排工作时间,从而做出更好的成绩。

(2)重新设计工作内容。为了改变工作和团队成员的不适应状况,除了进行人员调整外,还可以重新设计工作,使工作变得富有挑战性和刺激性。当然,通过工作再设计只能减轻而不会消除工作中固有的压力因素。通常,许多工作在设计之初就应考虑到可能存在的压力,尽量使团队成员能够控制他们自己的工作进度,允许他们更多地运用自己的技术和能力。通过这种方式,将会提高团队成员的工作满意度,减少压力反应。

(3)把压力宣泄出来。这实际上就是为团队刻意创造一种情境,使员工将紧张的情绪发泄出来,取得一种心理平衡的方法。精神发泄的方法可以有多种形式。日本有些企业专门设置了"情绪发泄控制室",使有压力的员工随时可以去室内治疗,痛打模拟人形等,发泄自己的怨气和不满。美国著名的威尔逊培训中心也有类似的精神发泄室,让团队成员把压力宣泄到一个安全对象上,可以避免他们把不良情绪带到工作中,影响工作业绩。